Tödliche *Widder*

Liebe Ute,

ein spannendes und
aufregendes neues Lebensjahr
(natürlich nur im positiven
Sinne) wünschen Dir

Wolfgang und Brigitte

Jena 4.4.2012

In der Reihe Eichborn. *Astrokrimis*
sind 12 Bände erschienen:

Tödliche Widder
Erbarmungslose Stiere
Gefährliche Zwillinge
Tückische Krebse
Mörderische Löwen
Eiskalte Jungfrauen
Rätselhafte Waagen
Mysteriöse Skorpione
Geheimnisvolle Schützen
Kaltblütige Steinböcke
Dunkle Wassermänner
Skrupellose Fische

Tödliche *Widder*

Mit Geschichten von:

Tony Fennelly
Heidi Brang
Ralph Gerstenberg
Skye Alexander
Richard Wagner
Gabriella Wollenhaupt

Eichborn.

Die Reihe Eichborn. *Astrokrimis*
wird herausgegeben von

Thea Dorn
Uta Glaubitz und
Lisa Kuppler

Gesamtlektorat: Oliver Thomas Domzalski

Die Deutsche Bibliothek – CIP-Einheitsaufnahme

Tödliche Widder / Hrsg.: Thea Dorn. – Frankfurt am Main : Eichborn, 2000 (Eichborn Astrokrimis)
ISBN 3-8218-0792-X

Umschlaggestaltung: Moni Port unter Verwendung des Gemäldes »Die Opferung Isaaks« von Caravaggio, um 1603 (Florenz, Galleria degli Uffizi)
Satz: Fuldaer Verlagsagentur, Fulda
Druck und Bindung: Milanostampa, Italien
ISBN 3-8218-0792-X

Verlagsverzeichnis schickt gern:
Eichborn Verlag, Kaiserstr. 66, 60329 Frankfurt
www.eichborn.de

Inhaltsverzeichnis

Tony Fennelly *Wie man einen Widder tötet*

Laut Chaucers Beschreibung fand die Pilgerfahrt nach Canterbury im »Zeichen des Widders« statt. Damals, als die Astrologie noch eine junge Wissenschaft war, durchquerte die Sonne im ersten Drittel des Frühlings tatsächlich das Sternenbild des Widders. Doch die Fixsterne setzten ihre Reise durch den Himmel fort, so daß heute die Sonne in diesem Zeitraum eigentlich das Sternenbild der Fische durchquert. Der Stand des Widders variiert allerdings nie. Er steht immer in dem Dreißig-Grad-Ausschnitt des Himmels, den die Sonne nach der Frühjahrs-Tagundnachtgleiche durchquert.

Die Charakterschwächen meines Gatten Ronald sind in erster Linie darauf zurückzuführen, daß er an einem heißen Frühlingsmorgen geboren wurde, als die Sonne im Widder stand.

Widder ist ein Feuerzeichen, das vom roten Planeten Mars regiert wird, der nach dem Gott des Krieges benannt wurde. In Astrologiebüchern findet man Schlüsselbegriffe wie Arroganz, Aggression und Ungeduld. Und Unfälle. Der Einfluß des Mars beschert Ronald ein Übermaß an Energie, das er nicht immer konstruktiv einsetzt.

Wenn er unsere Steuererklärungen ausfüllt, trägt mein Gatte an der Stelle, wo nach dem Beruf der Ehefrau gefragt wird, grundsätzlich »Hausfrau« ein. In Wahrheit bin ich aber jemand, den Familien-Therapeuten eine »Co-Alkoholikerin« nennen, also eine getreue Gefährtin, die es ihrem Partner teilnahmslos und ohne Widerrede ermöglicht, seine Freizeit ausschließlich mit Trinken zu verbringen.

Eigentlich war es gerade Ronalds quirlige und abenteuerlustige Mars-Energie, die mich bei unserer ersten Begegnung angezogen hatte. Und selbstverständlich sein ansprechendes Äußeres. (Da Widder das Zeichen ist, das den Kopf regiert, haben Widder fast immer attraktive Gesichter und vor allem perfekte Nasen.) Als ich ihn das erste Mal sah, fuhr er ein Motorrad. Ein rotes, wie sich von selbst versteht. Ihm fiel auf, daß ich allein an einer Bushaltestelle stand. Er machte kehrt, hielt schnurstracks auf den Gehsteig zu, wo ich wartete, und kam mit quietschenden Bremsen zum Stehen.

»Hallo, Rotschopf!« rief er. »Was hältst du davon, hinten aufzusitzen und eine Spritztour zu machen?«

So kam es, daß ich einmal im Leben unbesonnen handelte, hinter ihm auf den Sozius stieg und mich von ihm mitreißen ließ. Während wir den Highway hinunterpreschten, rauschte der Fahrtwind an uns vorbei. Beim ersten Mal genoß ich die Aufregung sehr. Wann immer er mich danach mitnahm, beharrte er darauf, sich schräg in die Kurven zu legen und im Slalom mit über hundertsechzig Stundenkilometern durch den Verkehr zu rasen. Ich schrie vor Angst und flehte ihn an, langsamer zu fahren, doch er brüllte nur zurück, daß er sich doch nicht wegen meiner Feigheit den Spaß verderben lasse. Falls ich das nicht aushalten könne, rief er, solle ich eben den Bus nehmen oder daheim bleiben.

In dieser Angelegenheit hatte ich nichts zu sagen. Schließlich war ich, als wir uns kennenlernten, eine dumme Siebzehnjährige, ein Niemand, und er ein fünfundzwanzigjähriger »Mann von Welt« mit einer strahlenden Zukunft in einem erstklassigen Versicherungsunternehmen. Meine einzige Chance, es im Leben wirklich zu etwas zu bringen, war, mich an Ronald zu halten und zu tun, was er sagte. Dergestalt waren seine Ausführungen, und ich verstand ganz genau.

Jetzt, dreiunddreißig Jahre später, ist das ehemals ansprechende Gesicht von Jahren schweren Alkoholkonsums aufgedunsen, und mit ihm im Auto zu fahren ist auch nicht sicherer als früher auf dem Motorrad. Mit straff gespanntem Sicherheitsgurt presse ich mich schutzsuchend an die Tür, während Ronald über alle drei Spuren zwischen den dichtgedrängten Autos hindurchschießt. Mit beiden Händen umklammere ich fest den Gurt.

»Die Höchstgeschwindigkeit auf dieser Straße beträgt hundert Kilometer pro Stunde«, erinnere ich ihn sanft mit zusammengebissenen Zähnen.

»Versuch ja nicht, mir zu erklären, wie man Auto fährt! Ich passe mich nur dem Verkehr an!«

Schießt ein noch waghalsigerer Autofahrer an uns vorbei, explodiert Ronald. »Sieh dir mal an, wie dieses Arschloch fährt! Das kann nur ein verdammter Nigger sein!«

Ronald läßt sich gern lautstark über Leute aus, deren Hautfarbe nicht Weiß ist, vor allem über diejenigen, die in unserer direkten Nachbarschaft leben. Grundsätzlich verwendet er das schlimmste Schimpfwort, mit dem die entsprechende Rasse oder Nationalität diffamiert werden kann. Es grenzt an ein Wunder, daß noch niemand unser Haus in die Luft gejagt hat.

Im ersten Winter, nachdem wir uns kennengelernt hatten, fuhr Ronald – wen wundert es – das rote Motorrad zu Schrott. An den Tag erinnere ich mich noch ganz genau. Er wollte schon ohne Helm losfahren, aber ich erwischte ihn noch und bestand darauf, daß er ihn aufsetzte. Damals lag ihm noch so viel an mir, daß er auf meine Bitten einging. Der Helm rettete ihm das Leben. Den Unfall überstand er fast unversehrt. Alles, was ihm blieb, war eine Narbe am Kinn.

(Die meisten Widder haben irgendwo im Gesicht eine Narbe, weil sie immer mit dem Kopf durch die Wand wollen.)

* * *

»Myra! Ich bin wieder da!«

Nach dreiunddreißigjähriger Ehe müßte ich mich eigentlich an sein lautes Geschrei gewöhnt haben, aber es ist derart nervenaufreibend, daß ich immer noch zusammenzucke, wenn ich es höre. Wie immer, wenn Ronald durch die Haustür gestürmt kam und meinen Namen rief, verkrampfte ich mich innerlich und nahm instinktiv die Schultern hoch. Von jetzt an mußte ich parat stehen und ihn bedienen, bis er wieder das Haus verließ oder sich bis zur Bewußtlosigkeit betrank.

Als er schweren Schrittes den Flur hinunterkam, beeilte ich mich, die Heizung auszuschalten, doch es war schon zu spät. Er betrat das Wohnzimmer und bemerkte sofort, daß ich geheizt hatte.

»Teufel noch mal, wozu hast du denn die Heizung eingeschaltet?!«

»Also, ich wollte nur, daß das Zimmer nicht ganz so eisig ist.«

»*Mir* ist nicht kalt.«

»Es ist Januar. Draußen herrschen zehn Grad minus, und darum war mir ...«

»Mit dir *stimmt* doch irgendwas nicht.«

Widder ist das erste Tierkreiszeichen, das Zeichen, das für Selbstbewußtsein steht und dessen Motto »Ich bin« lautet. Daher ist es für einen Widder überhaupt nicht ungewöhnlich, die Welt, die ihn umgibt, ausschließlich auf sich zu beziehen. Als letzten Sommer bei einer Hitzewelle knapp vierzig Grad herrschten, durfte ich die Klimaanlage nicht anstellen, weil Ronald nicht heiß war. Was unter anderem auch daran lag, daß er permanent ein eiskaltes Bier in der Hand hielt.

Er ließ sich in den Lehnsessel fallen und zog die Schuhe aus. »Beeil dich und hol mir meine Turnschuhe!«

»Sofort!« Ich lief ins Schlafzimmer, wo an der Wand zig Paare identisch aussehender Turnschuhe aufgereiht waren. Ich nahm das nächstbeste Paar und brachte es ihm.

»Nein! Die doch nicht!« brüllte er. »Die kneifen an den Zehen! Ich will ein Paar, das richtig paßt!«

»Aber sie sehen doch alle gleich aus. Ich kann sie nicht voneinander unterscheiden.«

Genervt winkte er ab.

»Laß nur, ich hol sie mir schon selbst! Nicht mal *dazu* bist du in der Lage.«

Er ist zu ungeduldig, um eindeutig zu sagen, was genau er haben möchte. Und wenn ich dann die falsche Wahl treffe, läßt er sich über meine Dummheit aus und darüber, daß ich in dieser Welt niemals allein zurechtkommen würde. Ich darf mich glücklich schätzen, daß er die Freundlichkeit hatte, mich zu heiraten.

Nach dem Abendessen sah ich mir einen Krimi auf dem Frauensender *Lifetime* an, als Ronald, nur mit Unterhosen bekleidet, ins Wohnzimmer gestürmt kam. Sein dicker Bauch wölbte sich über den Hosenbund. (Ungefähr zu der Zeit, als sein gutes Aussehen nachließ, fing er auch an, sich daheim nicht mehr anzuziehen.) Er fuchtelte mit seiner Tabakdose herum.

»Siehst du dir das an?!«

»Ja«, gab ich zu und erhob mich aus dem Lehnsessel, um ihm Platz zu machen. »Ich fand die Sendung ganz spannend.«

»Nein, ist sie nicht. Sie ist saudoof.« Wie üblich zog er die Vorhänge zu, damit er nicht die Schwarzen sehen mußte, die womöglich die Straße hinuntergingen, ehe er es sich in dem Lehnsessel bequem machte, nach der Fernbedienung griff und anfing, durch die Kanäle zu zappen. »Gibt nichts Gescheites!« Die ausgekauten Tabakreste spuckte er in den Papierkorb. »Dreißig Dollar pro Monat blättere ich für diesen verdammten Kabelanschluß hin, und nie kommt was Anständiges!«

»Wenn du ohnehin nicht fernsiehst, kann ich dir was

Lustiges erzählen, das heute passiert ist. Ich habe mich mit Mrs. Schwartz unterhalten über ...«

»Bring mir ein Bier!«

»In Ordnung.« Ich ging schnell den Flur hinunter zur Küche, holte eine Halbliterdose aus dem Kühlschrank, wischte die Oberseite ab und brachte sie ihm. Für Gläser hat er keine Verwendung.

»Wie ich eben schon gesagt habe, Ronald, Mrs. Schwartz ist aufgefallen, daß die ...«

»Junge, das war vielleicht ein Tag heute.« Wieder spuckte er in den Papierkorb und trank einen großen Schluck Bier. »Der verdammte Kopierer ist kaputtgegangen, und der Mann vom Reparaturdienst hatte keinen Schimmer. Weil er ein verfluchter Nigger ist, deshalb muß ich der größte Pechvogel der Welt sein.«

Meine Geschichte über Mrs. Schwartz war einer von zahllosen Versuchen, eine Unterhaltung in Gang zu bringen; sie wurden regelmäßig ignoriert. Mag sein, daß mein Mann mir in dem Augenblick kurz zugehört hatte, als ich vor dreißig Jahren vor dem Priester »Ich will« sagte, aber nichts von dem, was ich seitdem gesagt habe, ist für ihn von Interesse gewesen. Trotzdem unternahm ich noch einen Versuch, zu ihm durchzudringen.

»Du glaubst, du bist ein Pechvogel, Ronald? Gerade habe ich im Fernsehen einen Bericht über eine Inderin, eine Angehörige der Kaste der Unberührbaren, gesehen, die ihr Leben lang mit bloßen Händen menschliche Fäkalien aus einer öffentlichen Toilette putzen muß. Wenn du mich fragst, *diese* Frau hat wirklich Pech.«

»Ihr Leben lang?« Er riß die Hände hoch. »Siehst du, sie hat einen *sicheren* Job. Ganz anders als bei mir. Wenn ich was in den Sand setze, können sie mich einfach *feuern.*«

Er machte sich wieder daran, durch die Kanäle zu zappen, und zog über alle Nichtweißen her, die heutzutage im Fernsehen auftreten durften, bis er beim Playboy-Kanal hängenblieb, wo zwei junge Frauen übertrieben nett zueinander waren. Ich überließ ihm den Fernseher und zog mich mit einem Astrologiebuch in den hinteren Bereich des Hauses zurück.

Schon vor langer Zeit habe ich es aufgegeben, mit Ronald zusammen im Wohnzimmer zu sitzen. Bei jenen seltenen Gelegenheiten, wo er mir gestattete, eine Sendung meiner Wahl anzusehen, lümmelte er sich in seinen Lehnsessel und wiederholte ständig: »Ach, du heilige Scheiße! Ach, du heilige Scheiße!«, so daß ich vom Dialog absolut nichts mitkriegte.

Nachdem ich ungefähr eine Stunde lang gelesen hatte, schlüpfte ich in die Küche, strich Erdnußbutter auf eine Scheibe Brot und wollte gerade reinbeißen, als Ronald die Tür aufstieß und den Kopf reinstreckte. »Ist das für *mich*?«

Ich erstarrte. »Eigentlich nicht. Ich habe mir eben nur eine Scheibe Brot mit Erdnußbutter gemacht.«

»Du bist immer so egoistisch! Du hättest mir auch ein Brot machen können.«

»Sofort.«

Ich bemühe mich, nicht in Ronalds Gegenwart zu essen, denn wann immer er mich irgend etwas essen sieht (es könnte sogar ein Teller Farbreste sein), bemerkt er plötzlich, daß er genau *darauf* unglaublichen Appetit hat. Dann muß ich alles stehen- und liegenlassen und ihm etwas zurechtmachen.

Normalerweise warte ich mit meiner warmen Mahlzeit, bis er ins Bett gegangen ist. Ich kann mein Abendessen einfach nicht genießen, wenn ich jeden Augenblick damit rechnen muß, von einem lauten »Myra!« gestört zu werden. Das ist vermutlich auch der Grund, weshalb ich so dünn bin. Bevor ich nicht den gesegneten Witwenstatus erreicht habe, werde ich auch nicht zu diesen zufriedenen Frauen gehören, die ihr Essen in Ruhe genießen können und in der Taille ein paar Pfunde zulegen.

Kaum hatte ich ihm sein Erdnußbutterbrot gebracht, klingelte das Telefon. Ich rannte hin und nahm schnell ab, denn die Anrufe sind sowieso immer für mich. (Ronald hat kein Sozialleben; er ist ein Trinker.) Meine Schwester aus Kalifornien war am Apparat.

»Hallo, Myra. Wie kommst du zurecht?«

»In letzter Zeit ist die Lage etwas angespannt, Julie. Es war ein schlechtes Jahr für Hopfen, und die Preise für das hiesige Bier sind raufgegangen. Ich wünschte, es gäbe eine Möglichkeit, wie ich mir etwas Geld dazuverdienen könnte.«

»Gib doch mal eine Anzeige auf für astrologische Beratung.«

»Und wo soll ich meine Beratungen machen? Hier etwa?! Wie soll ich jemanden davon überzeugen, daß ich ihm die Weisheit der Sterne nahebringen kann, wenn der

Hausherr betrunken und in Unterwäsche durch die Zimmer torkelt?«

»Stimmt auch wieder. Ich hatte ja Gelegenheit, seinen ganz persönlichen Charme kennenzulernen.«

»Leider Gottes.«

Vor ein paar Jahren war Julie auf Besuch gekommen. Eigentlich war vorgesehen gewesen, daß sie eine Woche in unserem Gästezimmer wohnte, doch Ronald hatte sie innerhalb von nur zwei Tagen rausgeekelt. In einem fort hat er getobt und sich mit den vulgärsten Ausdrücken über die Verletzung seiner Privatsphäre und die Heiligkeit seines Heims ausgelassen. (Er war sauer, daß er im Haus nicht nackt oder nahezu unbekleidet herumlaufen und ungestört den *Playboy*-Kanal anschauen konnte.) Also hatte sich Julie für den Rest ihres Besuches in einem Hotel eingemietet, und ich mußte mich heimlich rausschleichen, um sie zu treffen.

»He, Myra!« hörte ich ihn hinten im Haus. »He, Myra«, grölte er und torkelte im Zickzackkurs den Flur zum Wohnzimmer hinunter.

»Ich kann jetzt nicht!« rief ich zurück. »Ich telefoniere gerade mit meiner Schwester!«

Er lehnte sich an den Türrahmen und rülpste. »Du quatschst dauernd mit deiner Schwester. Und was soll *ich* machen? Ich brauche meinen Schlafanzug!«

Ich bedeckte die Sprechmuschel. »Er liegt in der obersten Schublade deiner Kommode.«

»Na, dann hol ihn mir. Ich habe nicht die ganze Nacht Zeit.«

Julie murrte. »Ich höre ihn im Hintergrund rummosern.«

»Er braucht seinen Schlafanzug, Julie. – Warte mal kurz.« Ich legte den Hörer weg, lief ins Schlafzimmer, kramte seinen Schlafanzug aus der Schublade, warf ihn ihm zu und sprintete zum Telefon zurück.

»Da bin ich wieder.«

»Schön. Wie hältst du es nur mit diesem Wildschwein aus? Ist er so großartig im Bett?«

»Machst du Witze? Die Zeiten sind vorbei.«

»Willst du damit sagen, daß ihr nicht mal mehr miteinander ins Bett geht?«

»Schon seit Jahren nicht mehr. Die einzige Rundung, um die Ronald gern seine Hand legt, gehört zu einer Bierdose.«

»Dann verrat mir mal, was seine Anziehungskraft ausmacht!«

»Er ist einfach ein guter Versorger.«

»Wenn du mich fragst, versorgt er dich doch nur mit Streß.«

»Er ist bloß ungeduldig. Das ist sein Problem.«

»Ungeduldig? Brüllt er deswegen so herum? Hast du einmal über eine Intervention für Ronald nachgedacht?«

»Eine Intervention?«

»Ja. Du lädst all seine Freunde und Verwandten ein, wie bei einer Überraschungsparty, und machst ihm klar, wie sehr er mit seiner Trinkerei sich selbst und seinen Lieben schadet.«

»Die Verwandten meines Mannes sind durch die Bank

auch Säufer. Freunde hat er keine, und lieben tut er gar niemanden.«

»Ich fasse es nicht. – Warum läßt du dich denn nicht von ihm scheiden?«

»Weil ich alles verlieren würde, deswegen. Wir sind kinderlos, also würde ich keinerlei finanzielle Unterstützung erhalten. Und da das Haus auf seinen Namen läuft, hätte ich kein Zuhause mehr.«

»Du könntest dir einfach eine eigene Wohnung suchen.«

»Womit?«

»Du könntest es schaffen, Myra. Diese Laus hat dich einer Gehirnwäsche unterzogen, damit du denkst, du seist nicht in der Lage, für dich selbst zu sorgen.«

»Aber das kann ich doch auch nicht. Stell dir mal vor, wie ich mit fünfzig und ohne jede Erfahrung einen Job suche. Nein, eine Scheidung will ich nicht.«

»Nun«, räumte sie ein. »Am Anfang wäre es tatsächlich ein wenig schwierig.«

»Andererseits, Julie – ich hätte überhaupt nichts dagegen, Witwe zu werden.« Ich spielte mit dem Gedanken und lächelte. »Ich würde das Haus kriegen, die Lebensversicherung und eine nette kleine Rente. Hier wäre es immer wunderbar still, und ich hätte immer frei. Und obendrein würden mich alle bemitleiden.«

Am anderen Ende der Leitung hörte ich einen langen Seufzer. »Verlaß dich lieber nicht darauf, daß du es bis zur Witwe schaffst, meine Liebe. Die meisten Alkoholiker, so wie Ronald, überleben ihre Partner.«

»Aber wie sollte er das denn schaffen? Solange ich denken kann, säuft er sich jeden Abend bis zum Anschlag zu, während ich total gesund lebe.«

»Glaubst du. Du schlägst dich mit ihm und all seinen Problemen herum und kannst deine Sorgen nicht mal im Alkohol ertränken, weil du ja nicht säufst.«

»O je. Vielleicht gibt es ja eine praktikablere Möglichkeit, Witwe zu werden.«

Sie senkte die Stimme. »Du kannst ihn nicht einfach umbringen, weißt du.«

»Selbstverständlich nicht. Das wäre eine Sünde.«

»Daß es eine Sünde ist, ist mir Wurscht, Myra. Unser Problem dabei ist, daß es ein Verbrechen ist. Laut Gesetz hast du weder Anspruch auf das Haus noch auf die Rente, wenn du deinen Ehemann um die Ecke bringst. Und ich habe keine Lust, dir die nächsten dreißig Jahre Zigaretten ins Gefängnis zu schicken.«

Ich überlegte. »Die Mondfinsternis nächste Woche wird Ronalds Mars im vierten Haus kreuzen.«

»Ist das gut?«

»Kann sein. Würdest du mir ein bißchen Geld leihen?«

»Sehr gern. Wozu brauchst du es?«

»Für ein Geschenk für Ronald.«

»Bist du verrückt?«

»Nein.«

* * *

Am folgenden Samstag ging ich gleich, nachdem ich das Frühstücksgeschirr abgewaschen hatte zum Briefkasten, doch Ronald war mir zuvorgekommen. Mir blieb nichts anderes übrig, als zu warten, bis er mit der Post fertig war. Mit den Briefen in beiden Händen machte er es sich demonstrativ auf dem Lehnsessel bequem und überflog langsam die Umschläge, während ich mit gefalteten Händen ausharrte. Da ich ihm nicht sagen konnte, daß ich einen Scheck von meiner Schwester erwartete, stand ich geduldig herum, während er betont langsam jeden Umschlag einschließlich der Werbesendungen durchsah.

»Sieh mal an. Bei Toyota sind Bremsbeläge im Angebot.« Er blickte zu mir auf. Meine Knöchel liefen vor lauter Anspannung weiß an, was ihm aber überhaupt nicht auffiel. »Und hier ist die Gasrechnung.« Er riß den Umschlag auf, faltete die Rechnung auseinander und überflog sie. »Neunundvierzig Dollar! Wußt ich's doch, daß du zuviel Gas verbrauchst.«

»Ich verbrauche weniger als all unsere Nachbarn.«

»Ist mir doch schnuppe, was diese verdammten Nigger tun! Allein für das Heizen von diesem Haus wird noch mein ganzes Geld draufgehen.« Dann hielt er endlich den Briefumschlag hoch, auf den ich wartete. »Was ist das?«

»Ein Brief von meiner Schwester.« Ich streckte die Hand aus.

»Und wieso, in Dreigottesnamen, *schreibt* sie dir? Du telefonierst doch andauernd mit ihr.«

»Wir tauschen unsere Gedichte aus. Möchtest du, daß ich dir ein paar vorlese? Sie sind sehr ergreifend.«

Mit höhnischem Grinsen warf er mir den Brief zu. »Gedichte sind *Quatsch*.«

* * *

Als kleines Mädchen freute ich mich immer aufs Wochenende, weil an diesen Tagen schulfrei war. Heute sind mir die Samstage und Sonntage verhaßt, weil Ronald an diesen Tagen daheim ist und ich ihn von vorn bis hinten bedienen muß, während er sich nur auf dem Bett herumfläzt und den Sportteil liest.

»Myra!« Seine rauhe, donnernde Stimme dröhnte so laut durch den Flur, daß ich zusammenschrak. Ich sprang auf und eilte in sein Zimmer.

»Was ist denn?«

»Hörst du nicht diese verfluchten Nigger von nebenan?! Ihre Scheiß-Musik ist so laut, daß ich nicht mal lesen kann.«

»Ich habe keine Probleme beim Lesen.« Ich hielt meine Zeitschrift hoch.

»Dann stimmt was mit *dir* nicht. Komm rein und sperr die Ohren auf.«

Gehorsam stellte ich mich zu ihm vor die Wand. »Ich kann nur dich hören.«

»Ach, du bist auf *ihrer* Seite.« Seine Nase wurde noch röter. »Wieso ziehst du nicht bei *denen* ein, wenn du sie so gut leiden kannst?«

»Im Grunde genommen kenne ich diese Leute nicht. Und ich kann mir kaum vorstellen, daß sie mich bei sich einziehen lassen würden.«

Er warf einen Blick auf die Zeitschrift in meiner Hand. »Wieso haben wir die da immer noch abonniert? Ich hab dir doch gesagt, daß ich sie nicht leiden kann.«

»Na, *mir* gefällt sie aber noch.«

»Schau dir das an.« Er bewegte den Zeigefinger. »Die haben wieder einen von diesen verfluchten Niggern auf der Titelseite. Ein echter Amerikaner hat keine Chance mehr.«

Wieder in der Küche, sammelte ich seine Bierdosen ein, spülte sie aus, drückte sie zusammen und warf sie in die blaue Wertstofftonne, die eh schon randvoll war. (Jahr um Jahr verbraucht mein Gatte Aluminiummengen, mit denen man problemlos einen DeLorean-Rennwagen bauen könnte.) Unglücklicherweise erwischte er mich dabei.

»He! Wozu spülst du denn die Dosen aus?«

»Du weißt doch, daß alles, was in die Wertstofftonne gehört, ausgespült werden muß, damit keine Ratten kommen.«

»Du verschwendest nur Wasser, für das *ich* zahlen muß. Vergiß die Wertstofftonne. Wirf den Krempel einfach in den Müll.«

»Recycling ist wichtig für die Zukunft unseres Planeten.«

»Was schert mich die Zukunft des Planeten? *Ich* werde dann nicht mehr dasein. Und ich habe es gründlich satt, permanent was für andere Leute zu tun.«

Er hatte es satt? So sehr ich mich auch bemühte, mir fiel keine einzige Sache ein, die Ronald jemals für jemand anderen getan hatte. Ich warf die letzte Dose in den Mülleimer und verkündete: »Ich gehe raus.«

Mein Lieblingssport ist ein täglicher Spaziergang durch unsere Wohngegend. Da es nichts kostet, kann Ronald auch keine Einwände erheben. Der größte Vorteil daran ist, daß er sich nie aufrafft, mich zu begleiten, und daß ich eine Stunde ganz für mich habe, fernab seiner dröhnenden Stimme. Auf dem Weg zum Fluß dachte ich über Julies Warnung nach. Die Vorstellung, daß mir die Witwenschaft versagt bleiben würde, war beängstigend. Freuten sich Ehefrauen darauf nicht so, wie Arbeitnehmer sich auf ihr Rentendasein freuten? Nachdem wir ein Leben lang einem Mann gedient haben, haben wir uns doch allemal ein paar friedliche und einsame Jahre verdient.

Für Januar war der Nachmittag ziemlich warm. Die alte Mrs. Stoddard saß auf ihrer Veranda im Schaukelstuhl und streichelte die Tigerkatze, die auf ihrem Schoß schnurrte. Wie gewöhnlich wünschte ich ihr im Vorbeigehen einen guten Tag, drehte mich dann aber um und rief über den Zaun: »Entschuldigen Sie, Mrs. Stoddard. Sind Sie Witwe?«

Sie lächelte. »Ja, das bin ich. Warum fragen Sie?«

»Eigentlich nur so. Sie machen immer einen so … zufriedenen Eindruck.«

»Griselda leistet mir gute Gesellschaft.« Sie streichelte die Katze, eine hübsche, ruhige Katze, die sich träge streckte und mit der Schwanzspitze zuckte.

Ich beschloß, mir auch eine Katze zuzulegen, sobald ich Witwe war. Schon zu Anfang unserer Ehe hatte Ronald gegen diese Idee Einspruch erhoben. »Eine Katze!? Wir brauchen keine Katzen, die sind *egoistisch*. Die denken nur an *sich*.«

»Aber all meine Bekannten, die eine Katze haben, behaupten, daß sie sehr anhänglich sind.«

»Käse! Alles, was diese Viecher tun, ist fressen, und *ich* muß nur dafür *blechen.*«

Auf dem Heimweg kaufte ich noch einen Liter Milch, nicht ohne eine gewisse Beklemmung. Ronald wird wütend, wenn ich nicht die günstigeren Zwei-Liter-Tüten kaufe, aber zwei Liter sind mir einfach zu schwer, um sie knapp zwei Kilometer zu Fuß nach Hause zu tragen. Ich überlegte, ob ich die Milch nicht in die angebrochene Zwei-Liter-Packung gießen sollte, damit er nicht merkte, daß ich zuviel pro Liter bezahlt hatte. Doch da er darauf besteht, seine Milch direkt aus dem Karton zu trinken, fürchtete ich, daß sie zu schnell sauer würde.

* * *

Erst kurz vor Mitternacht hatte er endlich genug ferngesehen und schlurfte ins Bett. Jetzt hatte ich das Wohnzimmer ganz für mich. Zuerst mußte ich alle Fenster aufreißen und den Raum lüften, trotz der schneidenden Kälte. Wie die meisten Vielfraße hat Ronald immer unglaubliche Blähungen und hält deren Ausstoß für höchst amüsant.

Daß es zum Fernsehen zu spät war, störte mich nicht. Mein vielleicht größtes sinnliches Vergnügen ist ein heißes Bad, das ich am liebsten nehme, nachdem er sich schlafen gelegt hat. Ich ließ die Wanne randvoll laufen und war gerade in das dampfende Wasser eingetaucht, als es laut an der Badezimmertür klopfte.

»Bist du da drin?« bellte Ronald.

»Ja. Ich nehme ein *Bad.*«

»Ich muß *scheißen.*«

»Nein!«

»Komm schon! Ich kann nicht warten!«

Richtig unwillig zog ich den Stöpsel, stieg aus dem wunderbar heißen Wasser, wickelte mir ein Handtuch um und öffnete die Tür.

»Dauert nicht lange.« Ronald zwängte sich an mir vorbei und zog mit der Hand, die nicht die Zeitschrift umklammerte, die Hose runter. »Wenn ich fertig bin, kannst du wieder rein.«

»Ich bin ziemlich sicher, daß ich dann keine Lust mehr habe.«

* * *

Offenbar war ich nicht gerade der typische Kunde bei Iggy's Cycle World auf dem Judge Perez Drive.

Der junge, ganz in Jeans gekleidete Verkäufer reagierte bei meinem Anblick leicht verwirrt und fragte sich wahrscheinlich, ob ich nur kurz reingekommen war, um nach dem Weg zu fragen. »Hallo, Ma'am? Kann ich Ihnen behilflich sein?«

»Das hoffe ich. Ich suche ein Motorrad für meinen Mann. Es soll eine Überraschung für unseren Jahrestag werden.«

»Eine Überraschung?« Er musterte mich gründlich. »Ich möchte nicht neugierig erscheinen, aber ist Ihr Gatte …? Ein älterer Herr?«

»Sogar noch älter als ich.«

»Dann wird sein Reaktionsvermögen nicht so gut sein, daß er eine Rennmaschine handhaben kann. Die meisten älteren Männer bevorzugen ein Reisemotorrad wie diese Royal Gold 2000, die hier steht. Sie ist sehr schwer, hat eine dementsprechend gute Straßenlage, und der Fahrer ist viel geschützter. Ein sichereres Motorrad gibt es gar nicht.«

»Das sehe ich.« Ich schlenderte an der Maschine vorbei. »Aber mein Mann hätte sicherlich lieber eine schnittige Rennmaschine wie die rote dort hinten.«

»Aber nein, Ma'am.« Er kam angelaufen und baute sich vor mir auf. »Dieses Quicksilver-Modell eignet sich nur für Fahrten auf der Rennpiste. Mit ihr kann man nicht auf der Straße fahren, dazu ist sie zu schnell und zu leicht.«

»Das leuchtet mir ein. Aber Ronald braucht genau dieses Motorrad.« Ich klappte meine Handtasche auf. »Ich zahle mit einem Scheck.«

Vermutlich rechnete er damit, daß die Kunden mit ihm über den Preis feilschten. Ich erfüllte diese Erwartung nicht, denn es fehlte mir an der nötigen Energie.

»Wir sind angewiesen, den Kunden nicht zu widersprechen.« Er schüttelte den Kopf. »Wie sieht es mit einem Helm aus?«

»Selbstverständlich möchte ich auch einen Helm.« Ich suchte nach meinem Scheckbuch. »Es würde ja niemand ein Motorrad ohne den dazugehörigen Helm kaufen, oder?«

»Nein, Ma'am. Ganz sicher nicht.«

»Dann werde ich auch einen Helm nehmen. Er muß rot sein.«

»Rot, kein Problem. Welche Größe?«

»Größe? Na ... mittel.«

* * *

»Schön, daß du wieder daheim bist, Ronald. Ich habe dir dein Lieblingsessen gekocht. Corned beef und Kohl.«

»Gut.« Er machte den Kühlschrank auf und holte das erste Bier des Abends heraus. »Was ist das hier? Du hast eine Literpackung Milch statt einem Zwei-Liter-Karton gekauft?! Weißt du nicht, daß das vierzig Cent mehr kostet? Die teure Milch wird mich noch in den Bankrott treiben.«

Ich griff nach einem Gemüselöffel und schöpfte ihm den Teller voll. »Heute abend ist ein ganz besonderer Abend.«

»Hm?« Er riß die Lasche auf und nahm einen Schluck. »Was soll denn daran besonders sein?«

»Heute jährt sich der Tag, an dem wir uns kennengelernt haben.«

»Ach. – Klar.«

Das stimmte natürlich überhaupt nicht. Wir hatten uns im Sommer kennengelernt. Aber damit dieser Abend auch für mich zu etwas Besonderem wurde, mußte unser Jahrestag auf den Januar verlegt werden.

Ich schöpfte ihm nur kleine Portionen auf, sorgte aber dafür, daß der Nachschub an Bier nicht abriß. Nachdem er den Pudding gegessen hatte, warf ich einen Blick auf die Uhr. Es war fünf nach acht. Die Stunde des Mars. Genau der richtige Zeitpunkt für die Überraschung. Ich räumte seinen Teller weg.

»Und nun zum schönsten Teil des Abends, Ronald. Ich habe dir ein Geschenk zu unserem Jahrestag besorgt.«

»Ja?« Er rülpste. »Was denn?«

»Es steht draußen in der Garage.«

»Gut.« Er rülpste noch schlimmer.

Sein Geschenk hatte ich direkt unter der Glühbirne aufgebockt, so daß sein Blick sofort darauf fiel, als wir die Garagentür öffneten.

»Oh ... Mann! Ein neues Motorrad! Das ist großartig!«

»Das hast du dir doch allemal verdient, mein Lieber.«

Er ging schnell hinüber und stieß einen leisen Pfiff aus. »Sieht genauso aus wie das, das ich früher mal hatte.« Er drehte den Zündschlüssel und ließ den Motor aufheulen. »Aber ich höre doch gleich, daß diese Kiste viel mehr drauf hat.«

»Der Helm wird dir auch gefallen. Er ist rot.«

Jetzt saß er auf der Sitzbank. »Klar, wo ist er?«

»Ich habe eine Spezialanfertigung bestellt. Sie haben versprochen, daß er innerhalb von zwei Wochen geliefert wird.«

»Zwei Wochen?!« brüllte er so laut, daß die Betonwände zitterten. »Du erwartest, daß ich zwei verdammte Wochen warte, bis ich mit meiner neuen Maschine fahren kann?«

»Na, ohne Helm kannst du ja nicht gut fahren, mein Lieber. Das verstößt gegen das Gesetz.«

»Das ist ein Scheiß-Gesetz!«

»Bild dir bloß nicht ein, daß du nicht erwischt wirst, nur weil es dunkel ist und dich niemand sieht.«

»Wen kümmert es? Ich werde eine Runde drehen.«

»Du darfst kein Risiko eingehen, mein Lieber. Es ist ja nicht mehr so wie früher, als du noch fünfundzwanzig warst und so ohne weiteres mitten in der Nacht mit dem Wind in den Haaren die Interstate 10 runterjagen konntest.«

Mit entschlossener Miene sagte er: »Du denkst also, so ist es nicht mehr? Na, du wirst schon *sehen*.«

»Und du darfst auf keinen Fall fahren, du hast doch getrunken.«

»Versuch ja nicht, mir zu sagen, was ich nicht tun soll. Wenn ich getrunken habe, fahre ich *besser*, weil ich dann *vorsichtiger* bin.«

Und so schob Ronald sein Geschenk zum »Jahrestag« auf die Straße hinaus, ließ den Motor an und raste voller Vorsicht angetrunken mit dem Wind in den Haaren davon. Ich ging ins Haus zurück und drehte die Heizung auf eine angenehme Temperatur. Da es keinen Sinn hatte, einen Schlafanzug anzuziehen, schnappte ich mir einen Liebesroman, aber ich konnte mich nicht auf das Buch konzentrieren.

Ronald war mit seinem Motorrad seit einer guten Stunde weg, als der Anruf kam, auf den ich wartete. Ich wollte nicht übereifrig erscheinen und nahm erst nach dem dritten Läuten ab.

»Spreche ich mit Mrs. Ronald Salnie?« fragte eine ernste männliche Stimme.

Mein Herz klopfte laut. »Ja.«

»Mrs. Salnie. Ich bin Officer Tom Stoaks. Ich fürchte, ich muß Ihnen eine schlimme Nachricht überbringen. Ihr Mann hat einen Unfall mit seinem Motorrad gehabt.«

»Gütiger Gott! Wie konnte das denn passieren?!« Ich klang angemessen schockiert. »Er ist immer ... (ich mußte mich zusammenreißen, damit ich nicht loskicherte) ... so *vorsichtig*.«

»Soweit die Polizei den Unfallhergang rekonstruiert hat, muß Mr. Salnie mit hundertsechzig Kilometern pro Stunde unweit von La Place die Autobahn hinuntergerast sein.«

»La Place?!« (So weit war er gekommen?)

»Ja, Ma'am. Dort ist er über eine vereiste Stelle geschlittert. Unglücklicherweise hat er die Kontrolle über sein Motorrad verloren, wurde runtergeschleudert und landete mit dem Kopf voran auf der Böschung.«

(Wie passend. Widder tun alles mit dem Kopf voran.)

»O mein Gott. Wo *ist* mein armer Mann?«

»Er wurde gerade eben in die Notaufnahme des St. Bonifice gebracht.«

»St. Bonifice. Ich danke Ihnen, Officer Stoaks. Ich komme so schnell wie möglich dorthin.«

* * *

In dem Krankenhausflügel, in dem die Notaufnahme untergebracht war, überbrachte mir ein hübscher Junge in OP-Kleidung die schreckliche Nachricht. Für mich sah er wie ein Oberstufenschüler aus, doch offenbar war er der diensthabende Arzt. Auf seinem Namensschild stand ›Dr. Mendez‹.

»Es lag ein schweres Schädeltrauma vor, Mrs. Salnie. Wir haben den Patienten sofort an ein Beatmungsgerät angeschlossen, weil er aus eigener Kraft nicht mehr atmen kann. Sie müssen wissen, daß das EEG Ihres Gatten flach ist.«

(Ja! Gehirntod.)

Ruhig und voller Mitgefühl fuhr er fort: »Es tut mir leid, Ihnen mitteilen zu müssen, daß nicht die geringste Hoffnung besteht.«

»Nicht die geringste Hoffnung«, wiederholte ich und drückte ein Taschentuch an die Nase.

»Traurig aber wahr ist, daß Mr. Salnie überlebt hätte, wenn er einen Helm getragen hätte. Ich begreife nicht, warum er keinen getragen hat.«

»Ich auch nicht, Doktor.« Ich schüttelte den Kopf und spielte die Verzweifelte. »Ronalds Helm liegt auf dem Tisch im Flur. Es ist ein roter Helm.«

»Um so tragischer. Ich fürchte, es hat leider keinen Sinn mehr, mit dem Beatmungsgerät und weiteren lebenserhaltenden Maßnahmen fortzufahren.«

»Nein, das hat überhaupt keinen Sinn«, stimmte ich übereifrig zu und schob daher schnell nach: »Es wäre nicht im Sinne meines Mannes gewesen, daß diese aufwendigen Maßnahmen fortgeführt werden. Über dieses Thema haben wir oft gesprochen.«

Ein zweiter junger Mann in OP-Kleidung tauchte hinter Dr. Mendez auf und tippte ihm auf die Schulter.

»Du mußt sie jetzt fragen!«

»Was müssen Sie mich fragen?«

»Mrs. Salnie«, sagte Dr. Mendez und hüstelte. »Es tut mir außerordentlich leid, daß ich dies gerade in dieser schweren Stunde ansprechen muß, aber die Zeit drängt.«

»Was gibt es denn?«

»Heute abend ist ein achtzehnjähriger Junge, Duc Tran Ng, der in einem Lebensmittelgeschäft arbeitet, von einem Mistkerl auf Crack angeschossen worden, der es auf das Geld in der Registrierkasse abgesehen hatte.«

»Ng? Ein Vietnamese?«

»Ja. Jetzt, in diesem Moment lebt er noch, aber die Kugel hat sein Herz gestreift.«

»Sein Herz.« Ich legte die Hand auf die Brust, wo mein Herz schlug.

»Und der Junge ist am Verbluten. Er hat nur eine Chance, eine winzige Chance, wenn er sofort eine Herztransplantation bekommt.«

Der zweite Arzt trat vor. »Sehen Sie, Mrs. Salnie, wir haben Ihren Gatten gegengecheckt, und er hat die richtige Blutgruppe.«

»Dann möchten Sie also Ronalds …?«

»Wir hätten gern die Erlaubnis zur Organentnahme, ja«, sagte Mendez. »Wenn es nicht so dringend wäre, hätten wir Ihnen gern mehr Zeit gelassen, es sich länger zu überlegen. Aber jede Minute zählt.«

»Der Operationsraum steht bereit«, setzte sein Kollege nach. »Dr. Kovacs kann sofort loslegen.«

»Das ist der Herzspezialist.« Mendez griff in seine Jakkentasche und zog ein zweiseitiges Formular und einen Kugelschreiber heraus. »Würden Sie uns schriftlich Ihre Einwilligung geben?«

»Ja.« Ich nahm das Formular entgegen und unterschrieb in der Zeile, die für die nächsten Angehörigen reserviert war. »Ronald hatte für unsere Freunde aus anderen Ländern immer sehr viel übrig. Sie können alle Organe entnehmen.« (Obwohl ich nicht glaube, daß die guten Ärzte mit der Leber viel anfangen können.)

»Vielen Dank, und Gott segne Sie!« Der zweite junge Doktor riß mir das Formular aus der Hand und rannte im Dauerlauf den Korridor hinunter.

Dr. Mendez blieb noch einen Moment bei mir. »Falls Sie warten möchten, werden wir Mr. Salnies persönliche Habseligkeiten holen, dann können Sie sie gleich mit nach Hause nehmen.«

»Gern.«

Ich setzte mich ins Besucherzimmer und trank glücklich eine wäßrige heiße Schokolade aus dem Automaten. Im Fernsehen lief CNN, und ich überlegte, ob ich in Zukunft weiterhin mit »Mrs. Ronald Salnie« oder vielleicht einfach nur mit »Myra Salnie« unterschreiben sollte. Ich könnte sogar noch weiter zurückgehen bis zu meinem Mädchennamen, »Miss Myra Murphy«. Gerade so, als hätte Ronald in meinem Leben überhaupt keine Rolle gespielt. In diesem Fall würde man mich allerdings für eine alte Jungfer halten, und keine Menschenseele würde die vielen Jahre wertschätzen, die ich an seiner Seite durchgehalten hatte. Nein, ich wollte eine Witwe sein.

Außerdem mußte ich mir einen hübschen Namen für meine neue Katze überlegen, die ich aus dem Tierheim holen wollte. Aber ich wollte ja eine ausgewachsene, ein Weibchen mit ein paar Jahren auf dem Buckel. Sie würde vermutlich schon einen Namen haben. Welche Farbe oder Zeichnung das Fell hatte, war mir egal, solange die Katze nur gern auf der Veranda auf meinem Schoß saß, schaukelte und schnurrte.

Ich nahm mir vor, an meinem ersten Tag ohne Ehemann nur zu faulenzen. Morgen würde ich gleich die Kabelgesellschaft anrufen, den Playboy-Kanal stornieren und dafür den Romance-Kanal anmelden. Und ich mußte ein paar Briefe schreiben, um der Versicherung sowie ein paar entfernten Verwandten die »tragische« Nachricht zu überbringen. Hinterher wollte ich ein langes heißes Bad nehmen, ganz ungestört. Am Nachmittag standen vier Stunden Fernsehen auf dem Programm, ohne Unterbrechung – meine »blöden« Filme über gutaussehende, galante Männer, die couragierte Frauen in Designerklamotten umwarben.

Der Anstand gebot es, daß ich ein, zwei Tage wartete, bevor ich Ronalds Klamotten zusammenpackte und sie in die Altkleidersammlung gab.

Für mein Empfinden verging die Zeit wie im Flug. In Wahrheit war gerade eine Larry-King-Show komplett wiederholt worden, als eine junge Krankenschwester mit Ronalds Uhr und Brieftasche in einer Plastikhülle mit Reißverschluß auftauchte. »Tut mir leid, daß Sie hier so lange warten mußten, Mrs. Salnie. In der Aufnahme ist es drunter und drüber gegangen.«

»Das macht doch nichts, Miss ...« Ich warf einen Blick auf ihr Namensschildchen. »... Washington. Ich hätte sowieso nicht gewußt, wohin ich heute abend gehen soll.«

»Das verstehe ich.« Meine Lage schien sie zu betrüben. (Damit war sie allein auf weiter Flur.) »Und noch mal herzlichen Dank für Ihre großzügige Entscheidung zugunsten der Spende. Möchten Sie, daß wir wegen der ... äh ... der letzten Feierlichkeiten jemanden anrufen?«

»Sie meinen die Beerdigung?«

»Ja, Ma'am.«

»Eine Beerdigung wird es nicht geben.«

Sie verstand mich falsch. »Ich verstehe, wie schwierig es ist, wenn der Tod so unerwartet eintritt. Aber die Bestattungsinstitute wissen, was zu tun ist. Für den Fall, daß Sie kein spezielles Institut im Auge haben ...«

»Ronald hätte garantiert keine aufwendige Beerdigung gewünscht«, erklärte ich. »Er war ein sehr sparsamer Mann. Er hätte einer schlichten Einäscherung den Vorzug gegeben.«

»Da Sie uns die Erlaubnis zur Organentnahme gegeben haben, könnten wir uns darum kümmern. Selbstverständlich würden für Sie dann keine Kosten anfallen.«

»Das wäre sehr nett.«

Dr. Mendez betrat hinter ihr den Raum. »Ich hatte gehofft, daß Sie noch hier sind.« Er stellte sich vor mich und faltete die Hände. »Vielleicht interessiert es Sie, daß die Transplantation gut verlaufen ist. Das neue Herz schlägt, und wir hoffen, daß der Junge wieder auf den Damm kommt.«

»Das freut mich, Doktor.« In dieser Situation war ein Lächeln fehl am Platz. Ich nickte nur ernst.

»Und dann ist ...« Er warf einen verstohlenen Blick über seine Schulter. »Da ist jemand, der mit Ihnen sprechen möchte.«

»Wer?«

»Ich möchte Ihnen gern Mrs. Ng, die Mutter des Jungen, vorstellen.«

Er drehte sich um und winkte einer winzigen grauhaarigen Asiatin in einem riesigen, alten Mantel zu, der aussah, als hätte sie ihn von einem Fischer geerbt. Mit Tränen in den Augen umklammerte sie meine rechte Hand und beugte sich darüber. »Mrs. Salnie, ich weiß gar nicht, wie ich Ihnen dafür danken soll, daß Sie meinem Sohn das Leben gerettet haben.«

»Es besteht überhaupt keine Veranlassung, sich bei mir zu bedanken, Mrs. Ng.« Mit meiner freien Hand klopfte ich ihr auf die knochige Schulter. »Ich weiß, daß es Ihrem Sohn mit dem Herzen meines Mannes sehr gutgehen wird.«

Schließlich ist es kaum gebraucht.

Aus dem Amerikanischen von Bettina Zeller

Heidi Brang *Schmerztherapie*

Als die Rettungsstelle der Universitätsklinik in Flammen stand, war ich das erste Mal schmerzfrei. In meiner grenzenlosen Verwunderung entging mir die kausale Beziehung der beiden Ereignisse.

Meine linke Seite schmerzt seit vier Jahren – wie ein schwerer Klumpen unterhalb des Rippenbogens, wie ein starkes Seitenstechen, das sich bohrend und hämmernd über das Herz ausbreitet, mir den Atem nimmt, mich bewegungsunfähig macht, mir den Magen zu verbrennen, die linke Niere zu zerreißen droht. Anfangs verging der Schmerz wieder von selbst, inzwischen nicht mehr. So lange wie möglich habe ich ihn ignoriert. Jetzt ertrage ich ihn, meistens. Manchmal nicht, wie in jener Nacht im Januar, in der ich dringend einen Arzt brauchte. Töricht wie ich war, fuhr ich in die Universitätsklinik.

Die amtierende Rettungsstellenaufnahmeschwester, jung, dünn, weißblond gefärbte igelkurze Haare, Augenbrauen, Ohrläppchen, Nasenflügel, Unterlippe, Kinn unter vielen kleinen dicken Goldringen verborgen, fragte nicht, was mir weh tat, sondern nach meiner Krankenkasse. Chipkarte heißt das Zauberwort, sonst kommt ihr niemand über die Schwelle. Über die sprichwörtliche natürlich, denn unter der Tür zur Rettungsstelle ist aus praktischen Gründen keine. Deshalb lief später das Benzin so gut rein. Ich gab ihr meine Karte, eine private Krankenversicherung immerhin. Ich durfte bleiben und warten. Ein Krankenpfleger mit so dicken Brillengläsern wie Dustin Hoffman in »Papillon« und brutal wie ein Gefängniswärter nahm mir ungeschickt Blut ab. Es spritzte, auf dem häßlichen Plastikfußbodenbelag entstand eine Blutlache. Er zuckte mit den Schultern: »Man muß schließlich sehen, daß ich arbeite.« Meine linke Armbeuge blieb fünf Tage lang blau. Warten. Ein deutlich übergewichtiger Arzt fragte kurz nach meinen Beschwerden, hörte mir nicht zu, sondern drückte einmal auf meinen Bauch, murmelte was von Pankreas und ging. Warten. Die mit den Goldringen im Gesicht brachte mir einen unförmigen mittelgroßen Glasbehälter: »Sie müssen Urin abgeben.« Tat ich und wartete wieder. Ich war die einzige Patientin. Irgendwann kam ein anderer Arzt, der sich auch nicht vorstellte. Er hatte einen hörbaren Sprachfehler und ich das sichere Gefühl, er versteht nur die Hälfte von dem, was ich sage. Etwas davon schrieb er auf und ging. Warten. Der Gefängniswärter brachte mich in einen abgedunkelten Raum, in dem sich der Dicke mit der Pankreas meinen Bauch im Ultraschall ansah. Anziehen, zurück und warten. Der Stotterer kam wieder und erklärte mir, ich hätte nichts. Er gab mir zwei Zäpfchen in der Kleinkinderdosierung gegen die Schmerzen und schickte mich nach alles in allem drei Stunden nach Hause.

Ich verließ gesenkten Hauptes die Rettungsstelle. Schmerz und Wut machten mich ohnmächtig. Ich bin kein Hypochonder, ich bin Widder. Es fällt mir sogar schwer, den real existierenden Schmerz zuzugeben. Seinetwegen auf die Hilfe anderer angewiesen zu sein, verletzt meinen Stolz. Nicht ernstgenommen zu werden, geht an die Substanz. Wenn ein Widder den Kopf senkt, ist es nicht Demut, sondern Angriff. Ich greife nie von vorn an, ich bin kein Stier. Ich senke den Kopf, gehe zwei Schritte zurück, und der andere denkt, er hat gewonnen. Ich laß ihn rankommen und haue ihm dann mit einer kurzen raschen Kopfbewegung die Spitze meines linken gedrehten Horns in die Seite. Manche überleben nicht.

Mein Gehirn rangierte zwei Gemeinplätze – Krankenhäuser leben vom Leiden der Menschen, und: Private Krankenversicherungen sind bei Bedarf vorteilhaft – in die Kategorie der populären Irrtümer. Dann sann es auf Rache.

Ich habe programmieren gelernt, nachdem ich Mathematik und Elektronik studierte, was zu meiner Zeit nur Männer taten. Der Widder ist ein männlich-aktives Sternzeichen. Das hat Folgen. Heute arbeite ich an speziellen Austauschprogrammen für einen amerikanischen Obsthändler. Im *World Wide Web* gelte ich mit meinen fünfundvierzig Jahren als lebendes Fossil aus den Pionierzeiten der Software, als *good old virus mom*, der man gern einen Gefallen tut, weil man sie immer um Rat fragen darf.

Der Zentralcomputer der Universitätsklinik ist nicht geschützt. Das dämliche Paßwort beleidigt jedes Hacker-Hirn. Als mir auffiel, daß ich meine Blutwerte korrigieren konnte, suchte ich den Operator. Ich fand ausgerechnet den dümmsten meiner einstigen Kommilitonen am Werk und hinterließ ihm einen verächtlichen Gruß in seinem hoffnungslos überholten System. Es registriert nur zweistellige Jahresangaben, woraus ich schließe, daß vor 1900 geborene Menschen aus Prinzip nicht behandelt werden. Die Dienstpläne der Klinik sind gleichermaßen unlogisch. Erst zwei Monate später wäre die Rettungsstelle wie am achten Januar besetzt gewesen. Widder sind ungeduldig, und ich korrigierte den Personaleinsatz. Ein flüchtiger Blick auf die Gehaltslisten weckte in mir den leisen Verdacht, die Klinikangestellten sublimieren ihre Unfähigkeit, sich angemessen bezahlen zu lassen, im Haß auf die Patienten. Sie nutzen ihre Macht nicht für sich selbst, sondern demonstrieren sie nur gegenüber den vermeintlich Schwächeren.

Ich bin ein Feuerzeichen. Die fünf Liter Benzin aus dem kleinen Kanister, der immer gefüllt im Auto liegt, weil ich meinen Capri wegen seiner Automatik nicht leerfahren darf, genügten voll und ganz. Streichhölzer mußte ich kaufen. Für gewöhnlich benutze ich Opas altes, zerbeultes, abgegriffenes, zerkratztes Schützengraben-Sturmfeuerzeug. Aber ich traute mich nicht, das Benzin damit anzuzünden.

Wie ich aus der Zeitung erfuhr, starben alle vier. Die geweißte Blondine verbrannte zur Unkenntlichkeit, eine Handvoll kleiner dicker Goldringe lag wie zerstreut über ihrem Totenschädel. Der weitsichtige Sadist erstickte im Qualm, den Fetten mit der Pankreas raffte ein Kurzschluß am Ultraschallgerät dahin und der mit dem Sprachfehler stand zu nah an der explodierenden Sauerstoffflasche. Man soll mir bitte nicht unterstellen, ich habe den Tod der drei

Patienten billigend in Kauf genommen. Irrtum. In der Rettungsstelle hätte ihnen sowieso niemand geholfen. Sie hatten Glück. Als Brandopfer kamen sie in die neue Unfallklinik. Drei schöne Polytraumata für die Statistik, und man hat sie sauber wieder zusammengeflickt. Noch gilt die Brandstiftung übrigens als »Wahnsinnstat des entlassenen Hausmeisters«, weil die Universitätsklinik alles daran setzte, keine Vermutungen über unzufriedene Patienten aufkommen zu lassen. Was nicht sein kann, das nicht sein darf.

Vier Wochen nach dem Freudenfeuer begann meine linke Seite gewohnt heftig zu schmerzen. Ich hatte einen guten Bekannten, der sich sogar als Freund ausgab: Professor Dr. Dr. Johannes Schleicher, berühmter Leberchirurg und so hochgradig spezialisiert, daß er zum Mediziner nicht mehr taugte. Ich bat ihn, mir einen Arzt zu empfehlen. Er versprach, sich nach einem fähigen Internisten umzuhören und vergaß es sofort. Wochen später lud er mich zur Eröffnungsparty seiner Privatklinik ein. Meines Schmerzes wegen lehnte ich ab, und sein Versprechen fiel ihm wieder ein. Er kam mir mit Entschuldigungen, die ich nicht annahm, er verstrickte sich in Rechtfertigungen, die mich nicht interessierten. Er gelobte Besserung und bat inständig: »Wenn irgend etwas ist, ruf mich an.«

Ich tat es an einem Sonntagnachmittag, als ich vor Schmerzen fast das Bewußtsein verlor. Er könnte noch leben. Leider sagte er am Telefon: »Ich hab jetzt keine Zeit für dich, ich hab gerade Besuch. Ruf doch einfach den Notarzt.« Was ich in der Rettungsstelle erlebt hatte, war also nicht die Ausnahme, sondern die Regel. Mein Gehirn legte folgendes unter der Kategorie »gesicherte Erkenntnisse« ab: Bitte nie einen Arzt um Hilfe, wenn du sie wirklich brauchst.

Prof. Dr. Dr. Schleicher starb am Dienstag morgen im Operationssaal seiner Privatklinik an einem sauberen Schnitt durch die Kehle mit einem fast neuen, faszinierend scharfen chirurgischen Messer, das zur ersten Lebertransplantation des Tages bereitlag. Mein Schmerz verschwand so schlagartig, wie Schleicher zu Boden fiel. Des Mordes verdächtigt wurden abwechselnd die charmante Oberschwester, die ihn liebte und die er abgewiesen hatte, was sie nur deshalb hätte kränken müssen, weil er sein Lebtag zu feige gewesen war, ihr zu sagen, wie schwul er in Wirklichkeit war, und sein Oberarzt, ein reizender junger Mann, der ihn haßte wie die Pest, weil er immer nachoperieren mußte, wenn Herr Professor gepfuscht hatte.

Als sich mein Schmerz am folgenden Dienstag zurückmeldete, fragte ich mich, ob Töten an sich ihn tötete oder ob es zwangsläufig ein toter Arzt sein mußte. Das Problem ist theoretisch nicht zu lösen: Der Vorgang läßt sich in keine mathematische Formel bringen, jede Wahrscheinlichkeitsrechnung ist unzuverlässig, von der Chaostheorie verstehe ich zu wenig. Mir blieb nur die Empirie, das Lebendexperiment.

Soviel ich weiß, umschreibt der Begriff Zufall jene einfache, zeitliche und räumliche Relativität von Ursache und Folge, die den meisten Menschen unheimlich ist. Deshalb besuchte ich meine große Schwester nicht zufällig auf der

Intensivstation eines städtischen Krankenhauses. Wir mögen uns. Sie ist Wassermann und gleicht diese Schwäche mir gegenüber schon lebenslänglich damit aus, die Erstgeborene zu sein. Sie hatte nie Schmerzen; sie fingen erst an, nachdem ihr die krebsbefallene Gebärmutter operativ entfernt worden war. Wir philosophierten eine Weile über die ausgeprägt optische Fixierung der Ärzte infolge ihres Glaubens an die Anzeigen ihrer Apparate. Wir kamen nicht dahinter, warum jemand wie sie krank sein mußte, weil die Instrumente reagierten, ohne daß sie Schmerzen hatte, aber jemand wie ich nicht krank sein kann, weil ich nur Schmerzen habe, ohne daß die Instrumente reagieren.

Im selben Zimmer lag ein achtundneunzigjähriger Mann seit sechs Wochen im Koma. Die Ärzte hielten ihn künstlich am Leben. Warum, war nicht klar. Nachts darauf zerschnitt ich alle Schläuche und schaltete sämtliche Geräte ab. Der alte Mann entschlief seelenruhig. Die kreischende Krankenschwester, fassungslos angesichts des Toten und gleich darauf noch fassungsloser, weil sie ihrer Kollegin und dem Stationsarzt einen Coitus interruptus bereiten mußte, wurde prompt der Sterbehilfe verdächtigt. Ihr sinnloses Geschrei weckte meine kranke Schwester. Das hat mir leid getan.

Mein Schmerz blieb derselbe. Das Problem war gelöst: Töten allein genügt nicht einmal, wenn ich Gutes tue. Widder helfen gern, und ich habe mich in Gefahr begeben, um einen Menschen den Weg alles Irdischen zu schicken, dem nur sein Tod noch helfen konnte. Als die Skandalpresse die Krankenschwester entdeckte, schrieb ich dem

Mädchen einen freundlich anonymen Brief. Ich ermunterte sie, in ihrem eigenen Interesse nicht mehr zu behaupten, sie habe einen unbekannten Dritten gesehen. Die halluzinatorische Wahnvorstellung, mit der sie ihre Straftat verdecken wolle, brächte sie unter Umständen in eine psychiatrische Anstalt, während sie ansonsten dank ihrer jugendlichen Unerfahrenheit mit einer Bewährungsstrafe rechnen durfte. Wie gesagt: Widder helfen gern.

In meinem eigenen Interesse mußte ich jeden neuen akuten Notfall tunlichst vermeiden. Ich beschloß deshalb, systematisch nach der Fehlfunktion suchen zu lassen, die den Schmerz verursachte. Krankenhäuser fielen aus, blieben die Ambulanzen. Allgemeinmediziner sind zu vernachlässigende Größen. Ich habe sagen hören, sie seien mit allem, was über den für Laien erkennbaren grippalen Infekt hinausgeht, hoffnungslos überfordert, und man müsse ihnen erklären, was man hat. Das kann ich nicht. Ich kann nur erklären, was mir weh tut. Vielleicht kommt der Schmerz von den inneren Organen.

Der Internist mit der neuen Praxis in der neuen Mitte der neuen Hauptstadt tastete den Bauch ab, ließ Blut, Urin und Stuhl untersuchen, die Lunge erst röntgen, dann tomographieren, betrachtete Magen, Darm, Blase, Bauchspeicheldrüse, Milz und linke Niere mit dem Ultraschall. Kein Wert, kein Bild wich von den Normen ab. Es nervte mich, wenn er nach jeder Untersuchung sagte, ich solle froh sein, dieses oder jenes nicht zu haben. Was ich nicht habe, interessiert mich nicht. Ich will wissen, was ich habe, damit ich etwas dagegen unternehmen kann. Von den fünf vermeintlich schmerzlindernden Medikamenten, die er mir nacheinander verschrieb, halfen drei überhaupt nicht. Die beiden anderen verlagerten den Schmerz von der linken Seite in den Kopf, weshalb ich sie nicht nahm. Den Kopf brauche ich zum Arbeiten wirklich. Der Internist schlug Magen- und Darmspiegelung vor. Ich erlaubte es. Im Magen fand er Spuren eines Bakteriums, das er mit einer abenteuerlichen Dreierkombination von Antibiotika zu bekämpfen suchte. Ich schluckte artig und erfolglos zehn Tage lang magenresistente Plastikkapseln. Die Darmspiegelung ergab so wenig wie die Röntgenaufnahme des Dünndarms und die komplette Bauchtomographie. Weiter reichte seine Medikamenten- und Instrumentenweisheit nicht. Weil er keine Schmerzursache ausmachen konnte, begann er, an meinen Worten zu zweifeln. Am Ende behauptete er tatsächlich, der Schmerz sei funktional bedingt. Die Dateneingabe für ein Rezept mit dem sechsten Schmerzmittelchen war seine letzte Amtshandlung.

Der Internist erlag seinen inneren Verletzungen infolge eines Sturzes aus dem Fenster seiner Praxis in der sechzehnten Etage. Die Straße ist frisch asphaltiert. Den einfachen Hebelgriff, der anzusetzen ist, um einen Menschen mit dem doppelten des eigenen Gewichts die wenigen achtzig Zentimeter über das Fensterbrett zu werfen, verdanke ich einem ehrwürdigen Judomeister aus Tokio, bei dem ich viele Jahre zuvor abends hatte trainieren dürfen, während ich tagsüber in der Progammzentrale eines Elektronikkonzerns Viren gezüchtet hatte.

Die Zeitungen meldeten den aufsehenerregenden Selbstmord eines hoch verschuldeten Arztes angesichts jährlich neu drohender Gesundheitsreformen, und ich hatte meine Schmerztherapie gefunden. Menschen haben sich umgebracht, weil sie ihre chronischen Schmerzen nicht mehr ertrugen. Widder taugen nicht zum Selbstmörder. Zum Mörder schon, zumal der populäre Irrtum, es gäbe keinen perfekten Mord, die bekannte Willensstärke, die überdurchschnittliche Intelligenz und die rasche Entschlußkraft eines Widders ungemein herausfordert. Das soll nicht heißen, daß ich meine Taten meinem Sternzeichen zuschiebe. Irrtum. Meine Fähigkeiten verdanke ich ihm. Weil ich Widder bin, kann ich töten, und soviel ich weiß, ist das Bedürfnis nach Schmerzfreiheit ein anerkanntes Menschenrecht.

Man soll mir bitte nicht unterstellen, daß ich ein neues Mordopfer suchte, als ich eine Woche später zur Urologin ging. Ich folgte nur der Systematik der Fachärzte, die sich nicht an die Logik der menschlichen Anatomie hält. Für Milz, Magen, Darm und Bauchspeicheldrüse gibt es jenseits des Internisten nichts mehr, für Lunge, Nieren und Herz schon.

Den Bronchialkundler konnte ich mir schenken. Er würde meine Lunge erneut tomographieren, um mir anhand der Bilder zu erklären, daß außer einer verkapselten Tbc im rechten unteren Lungenflügel, die aus Kellerkinderzeiten zu stammen scheint, nichts festzustellen sei. Das wußte ich bereits.

Die Urologin war vergeblich. Sie hörte sich meinen Schmerz ungläubig an, nahm Blut ab und brauchte Urin fürs Labor. Bekam sie. Auf ihrem Ultraschallmonitor erkannte sie feinen Grieß in der linken Niere, den sie auf einem Röntgenbild genauer sehen wollte. Sie verordnete ein Mittel gegen den Schmerz, das Durchfall verursachte und im Sondermüll landete. Mit den gewünschten Aufnahmen und ohne jeden Nierenschaden stand ich zum verabredeten Termin vor verschlossener Tür. Das Haus war für umfangreiche Sanierungsarbeiten komplett eingerüstet. Ein Ausweichquartier für die Praxis fehlte. Vier Wochen später und ohne jede Entschuldigung für die versäumte Benachrichtigung, zeigte mir die Urologin, daß meine linke Niere zwei Zentimeter tiefer liegt als die rechte. Das verursache keinen Schmerz, betonte sie. Den Grieß, der auf dem Röntgenbild nicht mehr zu sehen war, sollte ich mit viel Flüssigkeit und häufigem Hüpfen aus der Niere entfernen. Als mir klar wurde, daß sie ernst meinte, was sie sagte, sah ich mich im Sprechzimmer nach einem praktischen Totschläger um. Ich fand keinen. Sie bot mir ein neues Schmerzmittel an, auf das ich dankend verzichtete.

Eine Ladung ausgebauter, urinsteinhaltiger Keramikabflußrohre fiel am nächsten Morgen ausgerechnet in dem Augenblick vom Gerüst, da sie ihre Praxis betreten wollte. Schmerzfrei und glücklich saß ich zu Hause beim Frühstück, als ihr Tod bemerkt wurde. Die Baufirma bedauerte den tragischen Unfall hinlänglich, übernahm die Verantwortung, obwohl sie niemanden verantwortlich machen konnte. Kein Mensch stieg so früh auf das Gerüst, und der polnische oder portugiesische Leiharbeiter, der Wochen zuvor vermutlich die Rohre gestapelt hatte, war längst ins Ungewisse entlassen.

Allen Vorurteilen zum Trotz haben Widder ein Herz, und es liegt wie bei den meisten Menschen links. Medizinisch betrachtet im Bereich des Kardiologen. Er war ein schöner Mann. Ich sah ihn und wußte, es wird mir schwerfallen, ihn zu töten. Ich hoffte, es würde nicht nötig werden. Mein Antrittsbesuch erfolgte nach dem Ritual aller niedergelassenen Ärzte: Der Patient muß die Chipkarte vorlegen, grundsätzlich warten, wird gnädig angehört, ins Labor geschickt, zum Röntgen überwiesen und bekommt zur Beruhigung ein möglichst teures Medikament verschrieben. Meine Blutwerte lagen wie immer im grünen Bereich, das Röntgenbild zeigte ein gesundes Herz, das Medikament keine Wirkung, und der Kardiologe durfte sein ganzes diagnostisches Repertoire vorspielen. Ruhe- und Belastungs-EKG nahm er gleich auf, drei Tage später sollte ich zur Echokardiographie kommen. Ich mußte eine ganze Stunde warten, weil Herr Doktor zu einem dringenden Hausbesuch gerufen worden war. Er kam und regte sich laut und gehässig bei der Schwester über einen »Ersatz-Porsche« auf, der auf »seinem« Parkplatz stünde. Das war dumm von ihm. Halten vor der Praxis ist weder verboten noch eingeschränkt, und mein Capri stand dort draußen. So harmlos es ging, fragte ich ihn nachher im Behandlungszimmer, was er denn für ein Auto fahre. Er wurde puterrot und stotterte was von Audi. Bei der Auswertung des 24-Stunden-EKGs wollte er mir allen Ernstes beibringen, meine Arbeitszeit sei gesundheitsschädigend. Vielleicht ist es ja für einen Kardiologen unerheblich, daß Cupertino, Californien in einer anderen Zeitzone der Erde liegt, nur leide ich erwiesenermaßen an keinen Herzrhythmusstörungen und arbeite seit mehr als zwanzig Jahren nachts. Ärzte greifen zu solch gutgemeinten Ratschlägen, wenn sie mit ihrem Latein am Ende sind. Das ist eine gesicherte Erkenntnis. Na schön, ich hatte all seine ambulanten technischen Disziplinen absolviert und vier Schmerzmittel nacheinander verschlissen, nur rechtfertigte das seine versuchte Einmischung in meine inneren Angelegenheiten nicht. Widder vertragen so etwas schlecht. Sein Leben verspielte er mit der Nachricht, er habe mich für den kommenden Mittwoch zum Herzkatheter in der Universitätsklinik angemeldet und ich müsse mich im Interesse der Diagnostik mit drei bis vier Tagen stationären Aufenthalt abfinden. Selbst wenn er von meinem gestörten Verhältnis zum ersten Haus am Platze keine Ahnung hatte, mein Geburtsdatum war ihm geläufig. Kein Widder wird je dulden, daß andere Menschen ungefragt über ihn und seine Zeit verfügen. Das ist Grundwissen.

Meine gigantische Wut blieb dem Kardiologen verborgen. Ich senkte den Kopf, dankte höflich, und hatte ein Problem. Ich konnte ihn bei aller Liebe nicht selbst töten. Autobombe hielt ich für angemessen. Auf kurzem Weg erfuhr ich, daß man Sprengstoff prinzipiell in Tschechien kauft. So weit, so gut, nur wollte ich eine Bombe unter einen bestimmten Audi legen lassen. Das erforderte ein paar Umwege. Zum Schluß gab ich die Angelegenheit bei einem geschäftstüchtigen Menschen mit arabischem Akzent in Auftrag und war dankbar dafür, daß die Welt der Profikiller keinem Klischee entspricht.

Ein schmerzfreier Montagmorgen sagte mir, daß der Kardiologe tot sein mußte. Dennoch fühlte ich mich unwohl. Weil »Mondtag« war. Mit dem Mond habe ich so meine Schwierigkeiten. Er ist nicht mein Planet. Widder sind Mars-Menschen. Nicht die kleinen grünen. Wichtige Dinge erledige ich am Marstag, Dienstag heißt das. Und Widder sind stur, ich weiß, wovon ich rede. Selbst wenn wir mit einer bestimmten Methode zum wiederholten Male nichts erreichen, halten wir an unserer Methode fest. Das macht uns zu klassischen Wiederholungstätern. Ich glaubte fest daran, einen Arzt zu finden, der die Ursache meines Schmerzes lokalisiert. So die inneren Organe wahrscheinlich gesund sind, kommen Fehlfunktionen von Knochen, Gelenken und Muskeln in Frage. Dafür sind Orthopäden zuständig. Dachte ich zumindest.

Die Praxis machte keinen guten Eindruck. Simuliertes großbürgerliches Ambiente in der Beletage eines Gründerzeitaltbaus, Chipkarte und trotz Termin warten, der Orthopäde ein alter Herr jenseits der Pensionsgrenze. Er tastete mich ab, fand eine Blockierung der Brustwirbel, schickte mein Blut ins Labor und mich natürlich zum Röntgen, diesmal die Wirbelsäule.

Beim Radiologen genoß ich inzwischen die Vorzugsbehandlung einer Stammkundin. Er warnte mich jedesmal vor dem radioaktiven Kontrastmitteln und der Strahlenbelastung. Interessante Lebenslüge: Er ist ein potentieller Mörder und freut sich deshalb klammheimlich über jeden Befund, der ihn hoffen läßt, die Patienten sterben eher an ihren Krankheiten als an den Spätfolgen seiner Diagnostik. Meine Bilder beunruhigen ihn. Ich habe nie etwas. Bestimmt ist er Fische oder Zwillinge. Die Ärmsten sind immer doppelt und neigen zur Schizophrenie. Ich wollte ihn gelegentlich nach seinem Geburtsdatum fragen und hab es doch vergessen. Aber das tut nichts zur Sache. Der Radiologe lebt, und ich will nicht ablenken.

Vom Orthopäden bekam ich zu hören, die Bilder brächten keine neuen Erkenntnisse, und die Blockierung sei physiotherapeutisch zu lösen: sechs Anwendungen mit dem Ultraschall. Ich ließ es über mich ergehen. Den Schmerz ließ es kalt. Die beflissene Physiotherapeutin meinte, Wärmebehandlungen und Massagen seien möglicherweise hilfreich. Meinen dritten Besuch überlebte der Orthopäde nicht. Er hatte mich innerhalb von fünf Minuten zweimal beleidigt: »Wer durch Massagen geheilt werden kann, dem fehlt es nur an Zuwendung«, sagte er und verordnete sechsmal Rückengymnastik unter physiotherapeutischer Aufsicht. »Wenn Ihre Seite schon so lange weh tut, kommt es auf drei Wochen nicht mehr an«, sagte er und wollte mich erst nach seinem wohlverdienten Urlaub wiedersehen. Ich brach ihm das Genick, wofür erstaunlicherweise ein gezielter Schlag mit seinem albernen Reflextesthämmerchen genügte. So impulsiv handeln Widder manchmal. Nun hatte ich Spuren zu verwischen. Das war ziemlich einfach. Ich entfernte meine Fingerabdrücke vom Hämmerchen, legte es an seinen Platz zurück und bat die betagte Sprechstundenhilfe, die ohne weiteres seine Mutter sein konnte, ins Behandlungszimmer. »Ich glaube, dem

Herrn Doktor ist schlecht geworden«, sagte ich und ließ sie mit ihrem Schrecken allein. Draußen löschte ich mit einer bewährten Tastenkombination die Festplatte des antiken Computers, nahm sämtliche Back-up-Disketten und den Terminkalender mit. Zur Sicherheit schickte ich meiner Krankenversicherung, dem Labor, der Physiotherapeutin und der Röntgenpraxis per E-Mail meinen neuen Lieblingsvirus, den mir ein junger Chaostheoretiker aus Silicon Valley geschenkt hatte.

Ich gönnte mir einen schmerzlosen Urlaub auf Sizilien. Wieder in der Hauptstadt und trotz aufkommender Zweifel noch immer nicht vom rechten Glauben an die Möglichkeiten der Medizin abgefallen, beugte ich mich einer folgerichtigen Vermutung: Wenn Mord den Schmerz therapiert, könnte er psychisch bedingt sein.

Der Facharzt für Neurologie und Psychologie fand wie alle anderen zunächst einmal gar nichts – weder einen Grund für den Schmerz noch ein überzeugendes Mittel dagegen. Ordnungsgemäß stellte er als nächstes die klassische Psychologenfrage nach der unglücklichen Kindheit. Die hatte ich natürlich. Ich erzählte ihm ein paar Wahrheiten aus alten Zeiten: der Vater Alkoholiker, die Mutter von schier unerschöpflicher Leidensfähigkeit, die neun Geschwister, die Armut, das runtergekommene Haus in der Vorstadt und warum ich heutzutage keine Margarine mehr essen kann. Mit dem Eifer eines überzeugten Freud-Anhängers stürzte er sich auf frühkindliche Prägungen und pubertäre Fehlentwicklungen. Er langweilte mich, bis er beim vierten Termin andeutete, mein Schmerz in der Seite sei ein Zeichen für meine neue Seite, die ihr Recht beanspruche.

Wollte man bei den anderen Ärzten noch darüber streiten – der Neurologe hatte seinen Tod eindeutig selbst verschuldet. Er hat sogar versucht, mich zum Mord anzustiften. Beim nächsten Mal dozierte er höchst eindringlich, ich müsse meine neue Seite – die er zwar nicht kenne, von der er jedoch annehme, ich wisse längst von ihr und unterdrücke sie nur – endlich herauslassen oder zumindest zulassen, nur so würde der Schmerz nachlassen. Er wußte nicht, was er sagte. Widder sind keine spätvollendeten Serienmörder. Ich versuchte ihm seinen folgenschweren Irrtum klarzumachen und fragte vorsichtig, ob er tatsächlich wolle, daß ich ihn töte. Er verstand mich gründlich falsch, zog sein Onkel-Freud-Gesicht und suchte mich mit der alten Psychologenweisheit zu beruhigen, daß es völlig normal sei, wenn ich ihn hasse, weil er mir eine für mich unangenehme Wahrheit eröffnet habe.

Widder sind faire Kämpfer. Ich kann mich sehr wohl auf das Niveau meiner Gegner begeben. Ich nahm mir vor, mit ihm anhand eines praktischen Beispiels über Wahrheiten zu debattieren, die nur der Phantasie anderer Menschen entspringen. Ich schickte einen amtlichen Brief, in dem die hauptstädtische Ärztekammer ihm den Entzug der Approbation mitteilte. Wegen des erwiesenen sexuellen Mißbrauchs Schutzbefohlener unter Ausnutzung einer Amtsstellung. Das hielt ich für abwegig genug. Als zwei Nächte darauf gegen drei Uhr morgens mein Schmerz verschwand, bekam ich ein schlechtes Gewissen. Der Neurologe hatte sich erhängt, erfuhr ich von seiner Assistentin. Die Wahrheit war zu unangenehm für ihn.

Für mich war die Schulmedizin erledigt. Mein Gehirn sträubte sich, den Schmerz als grundlos gegeben und den Mord als einzig wirksame Therapie hinzunehmen. Es erwog die Alternativen. Für gewöhnlich hege ich tiefes Mißtrauen gegen Menschen in dieser Stadt, die sich nach drei bis fünf Seminaren am Wochenende nicht wahlweise, sondern am liebsten gleichzeitig als Heil- und Chiropraktiker, Radiästesist, Homöopath, Ergo- und Psychotherapeut, Reikimeister, Akupunkturspezialist, Logo- und Sozialpädagoge ausgeben. Meine Freundin Claudia glaubte sich an einen Zeitungsartikel zu erinnern, in dem von koreanischen Ärzten die Rede gewesen war, die sich kürzlich in derselben Straße niedergelassen hatten, in der ihre Bar liegt. So hoffte ich auf fernöstliche Heilkunde, als ich die Praxis betrat. Sie glich allen anderen häßlich funktional eingerichteten Praxen und ließ doch nichts aus, um sich von ihnen zu unterscheiden. Ergonomische Hocker statt Schwingstühle für die Wartenden, leise Musik aus dem Lautsprecher, aber die sphärischen Klänge einer indischen Sitar, an den Wänden billige Kunstdrucke chinesischer Tuschzeichnungen in den üblichen bunten Plastikwechselrahmen, anstelle der gewohnten pflegeleichten Großgrünpflanzen Trockenblumen, Gräser und Kräuter, auf dem flachen Holztisch keine Illustrierten mit dem blauen Lesezirkel-Umschlag, sondern Steine, Kristalle und leise vor sich hin dampfende Öllämpchen mit kopfschmerzverursachenden Duftwässerchen. Hinter dem obligatorischen

Tresen stand ohne weißen Kittel im Ethno-Look der frühen siebziger Jahre die Sprechstundenhilfe, die ihr ständiges Lächeln und ihre glatten, schwarz gefärbten Haare offenbar für besonders japanisch hielt. Kein Computer, weil Chipkarten und Krankenversicherungen außen vor bleiben.

Ich wollte sofort umkehren. Mich hinderte der Gedanke, der ganze Hokuspokus setze bewußt und einnahmefördernd auf weit verbreitete Vorurteile. Asiatische Intelligenz hab ich nie unterschätzt. Der hinterlistigste Virus, den mein Bildschirm je gesehen hat, ist ein Mutant aus Hiroshima. Mein Instinkt warnte mich wohl, ich würde es mit den verabscheuten Scheinheiligen zu tun bekommen. Dennoch. Ich wollte sichergehen, nannte einen falschen Namen und ein fast richtiges Geburtsdatum. Die Schwester zückte einen astrologischen Kalender und schrieb mich für den folgenden Dienstag ein. In lateinischen Buchstaben. Für chinesische Schriftzeichen reichte es natürlich nicht.

Frau Dr. Hong-do war eine typische Deutsche vom Schlage der Rotblonden mit Sommersprossen. Ihr Dialekt verriet die Herkunft von der Nordseeküste. Mein Gehirn signalisierte einen alten Ostfriesenwitz. Ich verbot mir die taktlose Assoziation. Sie erzählte stolz, sie habe ihren Ehemann auf einer Heilpraktikerfortbildungsreise nach Korea kennengelernt und er habe sie in die Geheimnisse der alten chinesischen Medizin eingeweiht. Die Arbeit mit ihren Klienten mache ihr ja so viel Freude und koste zugleich so viel Energie, daß sie sich noch heute nach jedem Gespräch für eine Stunde zur Entspannung und Meditation zurückziehen müsse. Ihre entzückende Mitarbeiterin sorge zuverlässig dafür, daß sie garantiert ungestört bleibe. Selten war ich so sicher, am falschen Ort zu sein. Meine höfliche Frage, ob ihr Mann denn auch mit Klienten arbeite, erzeugte einen Rechtfertigungsausbruch übelster Sorte, der mich restlos von ihrer Unfähigkeit überzeugte. Nur die spontane Konfliktorientierung eines Widders kann dazu geführt haben, daß ich ihr trotz alledem meinen Schmerz beschrieb. Sie nahm meine Worte mit der geheimniskrämerischen Miene einer Kartenleserin auf und fragte nach meinen Lebensgewohnheiten. Ich erzählte ihr von den Nächten am Computer, von Zigaretten, Whisky und Männern. Bedauerlicherweise fiel ihr nichts Besseres ein, als mich von der Geißel der Nikotinsucht befreien zu wollen, in der sie eine ernste Vergiftung von Körper, Geist und Seele erkannte. Jemand, der mir drei kleine Dauernadeln ins rechte Ohr stechen will, weil er davon überzeugt ist, ich brauche nur mit dem Rauchen aufzuhören, damit meine Beschwerden abklingen, beleidigt mehr als meinen Intelligenzquotienten. Mit ehrlicher Neugier ließ ich mir ihre Sammlung Akupunkturnadeln zeigen, wählte sorgfältig die längste und stabilste, mit der ich glücklicherweise beim ersten Versuch ihr Herz traf. Sie fiel lautlos und weich. Der Boden war mit ungarischen Schafsfellteppichen ausgelegt. Erleichtert entfernte ich die Nadel, reinigte sie sorgfältig und legte sie in die Sammlung zurück. Unter Mordverdacht verhaftet wurde der arme nordkoreanische Ehemann, den man als einzigen für fähig hielt, mit einer

Akupunkturnadel zu töten. Ich war stolz auf mich. Mein Geständnis wird den Unschuldigen aus der Abschiebehaft befreien.

Ich packte meine Koffer. In Europa habe ich nichts mehr verloren. Die Apparatemedizin ist ein abendländisches Phänomen. Afrika ist mir der fremdeste aller Kontinente, indianische Medizinmänner würden in Nordamerika kaum noch, in Südamerika nur unter erschwerten Bedingungen zu finden sein. Von Australien weiß ich wenig. Ich tat das Naheliegende und buchte einen Flug nach Tokio. Als ich mein Notebook zuklappte, wurde ich festgenommen.

Das ist meine Schuld. Hätte ich dem Kardiologen mit einem kräftigen Elektroschock zum Herzstillstand verholfen, säße ich jetzt nicht in Untersuchungshaft. Die Autobombe bestand aus demselben tschechischen Sprengstoff, mit dem eine vorderasiatische Terroristengruppe einen europäischen Außenminister ins Jenseits beförderte. Das wußte ich wohl. Entgangen war mir der verdeckte Ermittler, der sogar meinen Auftrag rekonstruierte.

Theoretisch bleiben zwei Möglichkeiten. Die schlichte binäre Entscheidung zwischen Null und Eins. Wie immer. *Null:* Ich kann weiterhin glauben, andere Menschen – Ärzte womöglich – würden mir helfen. Aber das schließe ich aus. Diese Dummheit hat mich hergebracht. Selbst der sturste Widder besitzt einen Sinn für die Realität: Ich kann nicht jede Woche einen Arzt beseitigen, um schmerzfrei zu bleiben. Spaß macht es nicht, und es wird immer schwieriger, weil sie mich früher oder später so sicher wegsperren, daß ich niemanden mehr zu töten vermag. *Eins:* Ich muß mir endlich selbst helfen. Das setzt voraus, daß ich im Gefängnis lande. Lebenslänglich oder nicht ist egal. Der Psychiater, der nachher kommt, muß mich für zurechnungsfähig halten. Das ist alles.

Ich fürchte ihn nicht: Löwe – und damit der einzig wirklich gefährliche Gegner für einen Widder – kann er unmöglich sein. Kein Löwe dieser Welt interessiert sich für das Seelenleben anderer Menschen. Waage wird er sein, und ich darf es ihm nur nicht zu schwer machen. Sage ich die Wahrheit, erklärt er mich für verrückt, weil er Psychiater ist. Er geht nämlich wie jeder normale Mensch der Lebensgefahr aus dem Weg, setzt sich nicht als Pilot ins Cockpit, sondern als Passagier in die Business Class einer Boeing 747, um zum Ärztekongreß nach Philadelphia zu fliegen, fährt nicht mit zweihundert Stundenkilometern auf der Überholspur der Autobahn weiter, wenn jemand vor ihm bremst, und wird, wenn er die Chance hat, den berühmten Schritt zur Seite gehen, damit die Schneelawine in Davos ihn nicht mit sich reißt. Er ist doch nicht verrückt und läßt sich umbringen. Als Privatperson wird er sich für normal halten, wenn er angesichts einer realen Gefahr für seine eigene Sicherheit sorgt. Als psychiatrischer Gutachter wird er mich für verrückt halten, obwohl ich dasselbe tue. Ich bin normal, wenn ich töte, bevor der Schmerz mich tötet. Ich wäre verrückt, wenn ich mich töten ließe. Dieser einfachen Logik muß er sich verschließen, weil er nicht zugeben kann, wie überflüssig sein Beruf ist.

Also werde ich kein Wort über Schmerz und Schmerztherapie verlieren, kein einziges über Widder und ihre Fähigkeiten. Bisher weiß er wie alle anderen nur von der Autobombe. Mit dem Unfall der Urologin, dem angeblichen Selbstmord des Internisten und dem tatsächlichen des Neurologen habe ich sowieso nichts zu tun. Den Tod des alten Mannes auf der Intensivstation kann ich bedenkenlos verschweigen, weil die Krankenschwester sogar freigesprochen wurde. Den ermordeten Orthopäden auch, weil ich kürzlich im Computer der Kriminalpolizei gelesen habe, daß die Ermittler am mangelhaften Erinnerungsvermögen der kurzsichtigen alten Mutter des Opfers und an einem unbekannten SV-Butterfly-Virus gescheitert sind.

Da ich einmal hier bin, werde ich die Unschuldigen befreien. Ich gestehe Mord in drei Fällen und eine besonders schwere Brandstiftung mit vierfacher Todesfolge. Selbstverständlich aus lauter niederen Beweggründen, die als normal gelten: Ich habe für den Tod des Kardiologen gesorgt, weil er meine Liebe nicht erwiderte, und die Heilpraktikerin ermordet, weil sie ein Verhältnis mit ihm hatte. Mein alter Freund Schleicher mußte sterben, weil er besser denken konnte, als ich dachte. Ich hab ihm von meiner Wut auf die Universitätsklinik erzählt, die nicht mich, sondern den dümmsten meiner einstigen Kommilitonen mit der notwendigen Umstellung ihres Computersystems beauftragt hat. Statt mich zu bedauern, schloß er auf die Brandstiftung und drohte, mich anzuzeigen.

Das dürfte genügen. Wenn ich den Psychiater dann bitte, mir zum Zwecke der Resozialisierung eine medizinische Ausbildung zu ermöglichen, wird er diesen Wunsch fügsam als Schuldbekenntnis interpretieren. Er wird noch fragen, ob mir alles leid tut, und ich werde auf keinen Fall sagen, nachträgliches Bedauern setze zumindest voraus, daß man seine Taten nicht wissentlich begangen habe, von willentlich gar nicht zu reden. Die versaute Kindheit wird mir ein paar mildernde Umstände einbringen und auf diese Weise doch noch zu etwas nütze sein. Der Richter wird sich nach dem Psychiater richten und mich als geständige Mörderin schuldig sprechen, ein Medizinstudium wird er wohlwollend als Bereitschaft zur Reue betrachten, mich mit guten Besserungsaussichten ins Gefängnis schicken – und ich werde genügend Zeit haben, allein und als Ärztin herauszufinden, was mir warum in meiner linken Seite so verdammt weh tut. Das kann doch nicht so schwer sein. Wozu bin ich Widder.

Ralph Gerstenberg *Nie wieder Widder*

Daß am 21. März nicht nur der Frühling anfing, wurde mir erst später klar. Wie es sich für diese Jahreszeit gehörte, trommelte der Regen auf das Fensterbrett, als ich zum letzten Mal meinen Artikel über rechten Teutonen-Rock und martialisches Gothic-Industrial-Gedröhn überflog, um ihn anschließend der Redaktion zu faxen. Während die Seiten durch das Gerät surrten, entsorgte ich den Stapel CDs mit dem Liedgut so unvergeßlicher Kapellen wie *Volkssturm*, *Die Frontschweine* oder *Untergang des Abendlandes* im Mülleimer. Ich öffnete das Fenster, um den Rauch von zirka vierzig Zigaretten hinauszulassen, die ich während der Arbeit angeraucht und im Aschenbecher vergessen hatte, und spürte ein Gefühl der Zufriedenheit, als ich nichts als das gleichmäßige Prasseln des Regens und ein fernes Rauschen des Verkehrs hörte. Kein enervierend monotones Gitarrenverzerre, kein Röhren, kein Röcheln – und vor allem keine verquaste, bedeutungsschwangere, latent faschistoide Lyrik. Die Zeiten, in denen Neonazi-Bands ihre abgegriffenen Parolen unverblümt kundtaten, waren offensichtlich vorbei. Mit Blick auf die breite Anhängerschar eines sanften Revanchismus vermied man heutzutage eindeutig verfassungswidrige Aussagen und kaprizierte sich auf mythisches Gereime vom Blut der Väter in den eigenen Adern und der letzten Schlacht, die noch zu schlagen sei.

Ich hatte meine Schlacht für heute geschlagen und sann darüber nach, was mit dem angebrochenen Abend noch anzufangen sei. Doch wie so häufig in solchen Situationen verbrachte ich viel zu viel Zeit damit, mich nicht entscheiden zu können, bis es für eine Entscheidung letztendlich zu spät war. Der Abend verging wie etliche zuvor mit Bier und Fernsehen und dem Blättern in Musikzeitschriften, und irgendwann wich die Zufriedenheit mit dem erledigten Tagwerk der üblichen Lethargie sowie der nicht ganz neuen Erkenntnis, daß mein Leben dringend einer Veränderung bedurfte.

Am Anfang meiner Karriere als freiberuflicher Musikjournalist hatte ich geglaubt, einen Dreh gefunden zu haben, wie ich nach dem Studium weiterhin meinen Interessen nachgehen konnte, ohne übermäßig arbeiten zu müssen. Ich bekam gratis Platten und durfte dem guten Geschmack im Dauerfeuer der musikalischen Belanglosigkeiten ein wenig publizistische Schützenhilfe leisten. Doch irgendwann hat man die Blüte seiner Jugend hinter sich und sieht vieles in einem klareren Licht. Frei zu sein bedeutet in diesem Job vor allem frei von einem halbwegs akzeptablem Einkommen. Man verbringt viel Zeit mit viel schlechter und wenig guter Musik, treibt sich in Insiderkreisen herum und legt sich irgendwann einen Schutzmantel aus Arroganz und Zynismus zu, der in der Szene als eine Art Einheitskluft gilt, für jeden Außenstehenden jedoch eine Zumutung ist. Meine spärlichen privaten Beziehungen basierten entweder auf langjährigen Freundschaften, oder sie waren nur von kurzer Dauer – vor allem die zu Frauen. An Abenden wie diesem wird einem das bewußt. Und plötzlich erwischt man sich dabei, wie man in einem Stadtmagazin die Lonely-Hearts-Anzeigen studiert.

Neben »schönen Rubensweibern« und »lebenshungrigen Enddreißigerinnen (Akad., NR) mit Interesse an Kultur, Natur, Essen und allem, was Spaß macht«, dominierte die Sternzeichenfraktion in den Annoncenspalten. Keine Ahnung, weshalb vor allem Frauen zwischen dreißig und vierzig dazu neigten, ihr Leben von der astrologischen Seite zu betrachten. Daß es so war, wußte ich von meinem Freund Victor, der mit seiner Sternzeichennummer beim anderen Geschlecht beachtliche Erfolge erzielte. Wohl angespornt von diesem Beispiel, und weil es hin und wieder ganz reizvoll ist, genau das zu tun, was man normalerweise nie tun würde, verfaßte ich einen Brief mit dem Notebook, den ich am nächsten Tag mehrfach ausdrucken und an alle Sternzeichenfrauen unter den einsamen Herzen schicken wollte. In einer der Annoncen stand eine E-Mail-Adresse. Dorthin ging er sofort.

Bevor ich einschlief, las ich mein Horoskop: *»Beruflich machen Sie gerade eine Durststrecke durch. Lassen Sie sich davon nicht entmutigen. In Ihrem Liebesleben wird es eine große Überraschung geben, die Ihnen bald darüber hinweghilft.«* Na bitte!

Am nächsten Morgen zählte ich die Bierflaschen, die ich während meiner Sternzeichenaktion leergetrunken hatte, und schüttelte den Kopf über die Schnapsidee vom vergangenen Abend. Natürlich würde ich diesen Brief niemals abschicken. Ich löschte die Datei und ging zur Tagesordnung über, ohne einen weiteren Gedanken daran zu verschwenden.

Ich sprach mit der Redaktion über Kürzungen in meinem Rechts-Rock-Artikel, hörte in die neuen CDs rein, die mit der Post gekommen waren, und verabredete einen Interviewtermin mit einem Berliner Drum 'n' Bass-Duo, das von John Peel entdeckt worden war. Der Alltag hatte mich bereits wieder fest in seinen Klauen, als ich am Nachmittag nicht nur die üblichen Infos der Plattenfirmen in meiner Mail-Box fand, sondern außerdem eine höchst seltsame Nachricht, deren kryptischer Inhalt mich zunächst einigermaßen verwirrte: »Selten standen die Sterne so günstig. Wie wär's mit heute abend. Christine, die Widderfrau.«

Ich starrte auf den Bildschirm und las die Sätze immer wieder. Irgendwann begann es zu dämmern. Ein Produkt meiner gestrigen Ausschweifung hatte ich unvorsichtigerweise gleich auf die elektronische Reise geschickt, und eine Datenautobahn ist nun mal keine Einbahnstraße. Man sollte wirklich kein Bier trinken, wenn man über Veränderungen in seinem Leben nachdenkt. Die Gefahr, sich zu spontanen Handlungen hinreißen zu lassen, die man später bereut, ist unverantwortlich groß.

»Entschuldigung, ich habe mich etwas verspätet«, sagte sie, und spätestens da bereute ich nichts mehr. Sie war groß und rothaarig, so um die Dreißig, und ihr Lächeln wirkte wie eine Offenbarung. Darauf hatte ich also gewartet, ohne es zu wissen. Ich gab ihr die Rose, die ich originellerweise als Erkennungszeichen mitgebracht hatte. Der Kellner eilte sofort herbei und brachte eine Vase. Das Restaurant, ein ebenso stilvoller wie steriler Italiener für gehobene Ansprüche, hatte sie vorgeschlagen. Für einmal Spaghetti und eine Flasche Chianti in diesem Laden mußte ich mindestens eine Viertelstunde lang Sting oder Phil Collins interviewen.

Nach den üblichen Anlaufschwierigkeiten und Verlegenheitspausen kamen wir eigentlich recht gut voran. Artig tauschten wir Informationen über unsere Interessen, Vorlieben und Berufe aus, tranken Wein und fingen langsam an, uns zu entspannen.

Christine – sie sprach ihren Namen französisch aus – arbeitete im Modegeschäft. Früher hatte sie selbst »gemodelt«, was ich mir sehr gut vorstellen konnte, jetzt veranstaltete sie Präsentationen für alle möglichen Designer, von denen ich noch nie etwas gehört hatte.

»Na, ist ja egal«, sagte sie jedes Mal, wenn sie mir einen Namen nannte, den ich eigentlich kennen müßte, weil ihn jeder kannte, und ich wieder nur mit einem Achselzucken reagierte.

Von Musik hatte sie keine Ahnung. Sie hörte nur in ihrem Auto Radio und ging hin und wieder in die Oper. *Portishead* gefiel ihr ganz gut, wie allen, die Musik nur als angenehmes Hintergrundgeräusch betrachteten, wodurch diese klasse Band leider zu Tode gedudelt wurde. Das sagte ich ihr natürlich nicht. Wirklich beeindruckt war sie, als ich ihr erzählte, daß ich schon mal fast mit Madonna gesprochen hätte.

»Sieht sie wirklich so gut aus? Ihr Outfit von Gaultier war einfach Wahnsinn.«

Ich erklärte ihr, daß ich nur fast mit ihr gesprochen, sie aber nicht gesehen hätte.

»Dieser neue Look, ganz in Schwarz, steht ihr auch ganz gut. Wie heißt doch gleich ihr letzter Hit?«

»Frozen.«

»Nein, der andere.«

Und so lernten wir uns noch ein bißchen kennen, indem wir angeregt aneinander vorbei redeten. Danach gingen wir in einen Club, in dem garantiert nicht Madonna gespielt wurde.

»Wann hast du eigentlich Geburtstag«, fragte sie irgendwann beiläufig, während sie an ihrem Frozen-Margarita nippte.

»Am 3. August.«

»Großartig«, rief sie, »Löwe und Widder, das ist fast unschlagbar!«

Später tanzten wir noch ein bißchen und entdeckten unser gemeinsames Interesse an allem, was Spaß macht.

Es mag einiges geben, das für eine Löwe-Widder-Konstellation spricht, in unserem speziellen Fall war die Kompatibilität dieser Paarung jedoch nur von kurzer Dauer und im Grunde beschränkt auf wenige Nachtstunden. Bald wurde es mir zuviel, auf Cocktailpartys ihren Designerfreunden vorgestellt zu werden (»Er kennt Madonna!«), neunzig-Minuten-exklusiv-Phil-Collins-oder-Sting-teure Anzüge aufgeschwatzt zu bekommen oder mir von irgendeinem solariumgebräunten Edelschneider erklären zu lassen, er beziehe all seine künstlerischen Inspirationen aus dem Underground.

Allein waren wir eigentlich nur selten, und wenn, dann dauerte es meistens nicht lange, bis uns der Gesprächsstoff ausging. Am Anfang war das kein Problem, da wir uns nonverbal ganz gut verstanden. Aber irgendwann erschien es mir als kein besonders gutes Zeichen, daß die Pausen im Laufe der Zeit immer länger und die Typen, die sie mir vorstellte, immer unsympathischer wurden. So gab es bald Mißstimmungen, die nicht mehr zu ignorieren waren, vor allem, wenn ich spürte, wie sie mich in ihre Welt aus VIP-Lounges, Small talks und Champagner-Buffets einführen wollte.

Eigentlich war es mir ein Rätsel, warum sie überhaupt eine Kontaktanzeige aufgegeben hatte. Obwohl sie einen großen Bekanntenkreis hätte, fühle sie sich manchmal einsam, hatte sie mir gesagt, und daß sie jemanden bräuchte, der nicht aus ihrer Branche sei, um endlich einmal das Private vom Beruflichen trennen zu können. Mit dreißig werde man halt etwas häuslich. Dagegen sprach jedoch die Tatsache, daß sie auch weiterhin auf allen branchenüblichen Partys der Saison tanzte und mich überallhin mitschleppte. Vielleicht mochte sie mich ja tatsächlich. Zumindest sah es so aus, als wollte sie es mit mir versuchen, obwohl sie das Leben, das ich führte, nicht besonders zu interessieren schien. Aber das konnte ich ihr nicht verübeln. Nicht einmal ich fand es besonders interessant.

Wahrscheinlich meinte Christine es nur gut mit mir, als

sie mich mit dem Herausgeber irgendeines Lifestyle-Magazins bekannt machte, den sie über alles verehrte – wie jeden, der genug verdiente, um über jegliche Selbstzweifel erhaben zu sein. Er war klein, trug eine Sonnenbrille zur Glatze und war immer dabei, wenn es etwas zu grapschen gab.

»Dann sind wir sozusagen Kollegen«, sagte er und legte seinen Arm um die Hüfte von Christine, die einen Kopf größer war als er und mir aufmunternd zulächelte.

»Sie schreiben also auch Plattenkritiken.«

»Ha, ha, köstlich.« Während er lachte, rutschte seine Hand über den Hintern der gackernden Christine. »Aber im Ernst. Christine hat mir von Ihrem Problem erzählt. Und vielleicht könnte ich etwas für Sie tun.«

»Welches Problem?«

»Nun hab dich nicht so!« Christine verzog peinlich berührt das Gesicht.

»Schon gut«, schaltete sich mein ungebetener Gönner wieder ein. »Ich bin nicht erst seit gestern im Mediengeschäft und weiß, daß es nicht so leicht ist, sich auf diese Weise die Brötchen zu verdienen. Weil ich Sie mag, und weil ich Christine mag ...« Er gab ihr einen Kuß auf die Wange, wobei seine Hand synchron auf ihren Hintern klatschte. »... möchte ich Ihnen ein interessantes Angebot machen. Für den Mai planen wir eine Fotosession in Monaco. Und da könnten wir jemanden gebrauchen, der einen Text schreibt. So Buntes drumherum: Models, Sonne, Monte Carlo – alles klar?«

Am selben Abend erläuterte ich Christine, daß es meines Erachtens durchaus Löwen gibt, die nicht zu Widdern paßten, und daß man mir schon im Schlaf das Hirn amputieren müßte, bevor ich für affige Hochglanzmagazine als Klatschreporter anfing.

»Models, Sonne, Monte Carlo! Der Kerl ist doch nicht ganz dicht!«

Wir fuhren mit dem Auto nach Hause, als sich unsere aus astrologischer Sicht »fast unschlagbare« Beziehung doch als ziemlich schlagbar erwies. Christine trat auf die Bremse, bekam einen Wutanfall und ich eine blutige Nase. Danach mußte ich nach Hause laufen; dennoch hatte ich das Gefühl, noch einigermaßen glimpflich davongekommen zu sein.

Das war in der Nacht zum 20. April. Einen Tag später fand ich einen Umschlag ohne Absender in meinem Briefkasten. Darin befand sich ein Zettel, auf dem exakt neun aus Zeitungen ausgeschnittene Buchstaben und ein Ausrufezeichen klebten. »Du bist tot!« lautete die offensichtlich unwahre und deshalb nur als Drohung zu interpretierende Message.

»Widder-Menschen werden vom Mars beherrscht. Sie sind unbeständig und neigen dazu, ihren Partner als ihren persönlichen Besitz zu betrachten. Was sie sich in den Kopf gesetzt haben, versuchen sie mit allen Mitteln durchzusetzen, auch wenn es vernünftige Gründe gibt, die dagegen sprechen. Wer sich ihm in den Weg stellt, wird unweigerlich die Hörner des Widders zu spüren bekommen.«

Ich klappte das Buch zu, das ich mir aus der Esoterikecke meiner Stammbuchhandlung geholt hatte. Die Buchhändlerin hatte die Augen verdreht, als ich ihr den Schinken auf den Tisch geknallt hatte. »Jetzt fängst du auch noch damit an!«

Was soll's, wenn ich anders nicht weiterkam, mußte ich eben die Parawissenschaften bemühen, um herauszufinden, warum ich seit der Auseinandersetzung mit Christine seltsame Post im Kasten hatte. Erst jetzt wurde mir klar, daß ich sie eigentlich überhaupt nicht kannte und von Anfang an wohl nicht besonders ernst genommen hatte. Sie war attraktiv und selbstbewußt und ich schwach genug, mich auf das Spiel einzulassen, dessen Regeln sie von der ersten Sekunde an bestimmt hatte. Typisch Widder eben. Bis der Löwe aus seinem Schönheitsschlaf erwacht war und sein majestätisches Haupt erhoben hatte. Mein Gott, ich dachte bereits in Tierkreiszeichen.

Zunächst glaubte ich, Christine würde sich bald beruhigen, doch es kamen weitere anonyme Drohbriefe, die sich von dem ersten nur unwesentlich unterschieden. Aufgeklebte Zeitungsbuchstaben mit simplen Botschaften wie »Genieße deine letzten Tage!«, »Bald ist Zahltag« oder »Die young!«. Manchmal waren sie noch liebevoll mit schwarzen Rändern und Kreuzen aus Todesanzeigen verziert. Im letzten Brief änderte sich jedoch der Stil. Keine ausgeschnittenen Buchstaben, sondern nur ein Totenkopf, der mit roter Farbe – vermutlich Blut – auf das Papier geschmiert worden war.

Ich kann nicht behaupten, daß mich das völlig kaltließ. Ein paarmal hatte ich versucht, Christine anzurufen. Aber entweder sie ließ sich verleugnen oder sie legte auf, wenn sie hörte, daß ich am Apparat war. Ihr Anrufbeantworter blieb ausgeschaltet, nachdem ich einmal den Speicher vollgesprochen hatte. Natürlich hätte ich versuchen können, sie zu Hause oder in ihrem Büro abzupassen, natürlich hätte ich auch einfach den Stoß Morddrohungen der Polizei übergeben können. Sollten die sich doch damit beschäftigen. Irgendwie erschien mir das aber doch ein wenig übereilt. Ich wollte weder Öl ins Feuer gießen, noch eine private Affäre an die große Glocke hängen. So mußte ich mich damit abfinden, geduldig darauf zu hoffen, daß Mr. Postman bald nur noch die üblichen Rechnungen und die Fanpost für mich aus seinem Depeschenköcher klauben mußte.

Ich versuchte mich abzulenken und auf die CDs zu konzentrieren, die ich zu besprechen hatte. Aber immer wieder erwischte ich mich dabei, wie ich die ominösen Briefe betrachtete, die auf meinem Schreibtisch lagen. Oder ich fing an, in dem Sternzeichenbuch zu blättern, als hoffte ich, darin einige Erklärungen für Christines Mordgedanken zu finden.

»Menschen, die im Zeichen des Widders geboren wurden, sind leidenschaftlich und extrem in ihren Forderungen. Ohne Rücksicht auf Verluste schreiten sie mit aller Macht zur Tat. Aufgrund ihres cholerischen Temperaments neigen sie zu Kurzschlußhandlungen, wenn sie ihr angestrebtes Ziel nicht erreichen.«

Nach und nach bastelte ich mir eine Theorie zurecht. Wahrscheinlich hatte Christine mich als einen praktikablen Partner betrachtet, als jemanden, den sie nach ihren Vorstellungen abrichten konnte, einen Zirkuslöwen, der durch brennende Reifen sprang, wenn sie das Kommando gab. Und wenn es an der Zeit gewesen wäre, hätte sie mich zurück in die Wildnis geschickt. Ich hatte ihr einen Strich durch die Rechnung gemacht, als ich vor der Zeit die Manege verließ. Deshalb war sie im Auto ausgerastet, und deshalb bekam ich jetzt Drohbriefe. Ich tröstete mich mit der Gewißheit, daß es ganz bestimmt nicht lange dauern würde, bis sie jemanden gefunden hatte, der für sie voller Enthusiasmus durch Feuerreifen sprang. Spätestens dann würde sie die Lust verlieren, Buchstaben aus der Zeitung auszuschneiden oder Totenköpfe mit Blut zu malen. So lange mußte ich mich eben gedulden. Vielleicht, dachte ich, wäre es am besten, wenn ich die Briefe ohne Absender einfach nicht mehr öffnete.

Einigermaßen beruhigt lag ich bereits im Bett, als das Telefon klingelte. Ich nahm den Hörer ab, aber niemand meldete sich. Dafür hörte ich, wie ein Motor aufheulte, Reifen quietschten. Ein schriller Schrei ließ mich zusammenfahren. Gleich darauf erklang ein dumpfer Aufprall. Jemand hatte für mich eine Geräusch-Collage zusammengebastelt, die er mir unbedingt zu dieser nächtlichen Stunde vorspielen mußte. Wie schön.

»Du verwechselst Astrologie mit Psychologie«, maulte Victor und gähnte demonstrativ in den Hörer. Nach dem Telefonterror mußte ich mit jemandem reden, und wer wäre besser dazu geeignet als Victor, der nicht nur einer meiner besten Freunde war, sondern seine Kompetenz in Sachen Sternzeichenkunde mehrfach praktisch unter Beweis gestellt hatte. »Astrologie ist ein Kommunikationssystem«, dozierte er schlaftrunken. Ich hatte ihn geweckt mit meinem Anruf. »Daß es funktioniert, beweist seine Popularität. Es bedient das Bedürfnis der Menschen, dem eigenen Leben Sinn und Tiefe zu verleihen und einen universalen Zusammenhang herzustellen. Außerdem hilft es ihnen, Entscheidungen zu fällen und über Fragen des Schicksals, des eigenen Wesens und der eigenen Bestimmung nachzudenken, die im rationalisierten Lebensalltag keinen Platz mehr finden.«

Victor schrieb an einer Doktorarbeit über Systemtheorie. Manchmal machte sich das bemerkbar. Er erklärte mir, daß der Sternenkalender längst nicht mehr stimmte, man aber trotzdem daran festhielt, weil sich das System bewährt hatte. Seine Lust am Theoretisieren hatte ihn längst seine Müdigkeit überwinden lassen.

»Dann ist es also völlig egal, in welchem Tierkreiszeichen man geboren wurde«, unterbrach ich resigniert seine Ausführungen. Mein mühsam zusammengebasteltes Erklärungsmodell sah inzwischen aus wie ein Kartenhaus bei Windstärke zehn.

»Du hast immer noch nichts kapiert«, stöhnte Victor. »Die Sterne können stehen, wie sie wollen. Irgendwann hat man damit begonnen, einem bestimmten Zeichen ein spezielles Charakterbild zuzuordnen. So entstand ein System, das nicht auf Erkenntnissen, sondern auf Erfahrungen beruht. Und daran wird sich nichts ändern.«

»Und was sagt uns das?«

»Bleib lieber weiterhin ein ignoranter Rationalist, und zerbrich dir nicht den Kopf wegen dieser Drohbrief-und-Anruf-Aktionen. Frauen sind rätselhafte und undurchschaubare Geschöpfe. Wie die funktionieren, das steht nicht in den Sternen.«

Am nächsten Tag fand ich keine ungewöhnliche Post im Briefkasten. Nachmittags hatte ich ein Telefoninterview mit einem Popsender über rechtsradikale Tendenzen in der Rockmusik. Mein Artikel war nicht ganz unbeachtet geblieben. Und am Abend war ich mit Victor verabredet. Ich hatte zwei Pressekarten für eine Glam-Rock-Party. Normalerweise mied ich solche Retro-Spektakel, aber Victor war der Meinung, ich könnte etwas Abwechslung vertragen.

Der Veranstalter hatte ein großes Kino aus der Zeit gemietet, als es noch Lichtspieltheater genannt wurde, auf dessen zwei Etagen die Geschmacklosigkeiten der frühen Siebziger gefeiert werden sollten. Der öde kunstgewerbliche Streifen »Velvet Goldmine« war ebenso angekündigt wie eine »kultige« Seventies-Rock-Band aus Deutschland. Publikum in Glam-Rock-Outfit kam umsonst rein, und natürlich sollte das beste Kostüm am Ende prämiert werden.

Als ich das Kino betrat, sah ich Plateaustiefel, bunte Federboas, Afro-Look-Perücken und viel Schminke in männlichen Gesichtern. Dazu lief »Space Oddity« von David Bowie. Ich wollte gerade die Karten abholen, da betrat Victor in einem beigen, konfirmationsverdächtigen Cordsamt-Anzug den Vorraum.

»Ich habe doch gesagt, wir kommen umsonst rein. Du brauchtest dich also nicht aus Kostengründen zu kostümieren.«

»Bin ich etwa overdressed? Ich dachte, was aus den Siebzigern wäre ganz passend.« Er starrte auf einen geschminkten Typen in einer silbernen Nylonbluse und hautengen Röhrenjeans mit Leopardenfellmuster. »Hier sind ja lauter Schwuchteln!«

»Glam-Rock war die Emanzipation der Transsexualität und des androgynen Hedonismus. ›Rock 'n' Roll mit Lippenstift‹ hat John Lennon dazu mal sehr treffend bemerkt.«

»Prost, Diederichsen!« Er nahm einen Schluck aus seinem Sektglas, das uns im Foyer gereicht wurde.

Während der Film lief, setzten wir uns an die Bar, und ich erzählte Victor noch einmal in allen Einzelheiten von Christine und den Morddrohungen der letzten Tage. Irgendwann öffneten sich wieder die Türen des Kinosaals, und wir wurden von Leuten umringt, die Getränke bestellten, als wollten sie die staubtrockene Story runterspülen, die ihnen gerade aufgetischt worden war. Die »Kult«-Band, vier graumelierte Schrammelrocker mit Vokuhila-Schnitt, begann Leichen der Rockmusik wie »48 Crash« und »Fox On The Run« zu exhumieren. Victor stieß mich an und deutete auf zwei Frauen, die in einer Art Post-Hippie-Look auf der anderen Seite des zur Tanzfläche umfunktionierten Foyers standen. Synchron wippten sie im

Rhythmus der Musik und strahlten eine Gemeinsamkeit aus, die auf eine langjährige Freundschaft schließen ließ. Bevor Victor sich zu ihnen vorarbeiten konnte, fingen sie an zu tanzen. So bewegte er sich eine Weile unbeachtet neben ihnen, und erst als eine der beiden etwas zu trinken holte, sprach er die andere an. Ich beobachtete, wie sie zuerst den Kopf schüttelte und eine abwehrende Handbewegung machte. Doch Victor redete weiter auf sie ein, und bald lachte sie. Als die Freundin mit zwei Gläsern zurückkam, machten sie sich miteinander bekannt, und Victor zeigte zu mir herüber.

»Darf ich dir vorstellen: Angie und Rita«, rief er aufgekratzt, und bevor ich etwas sagen konnte, veranstaltete er mit den beiden eine Art Sternzeichenquiz. »Okay, fangen wir mit den Elementen an. Du bist ...« Er sah Angie tief in die blauen Augen. »Wasser!« Sie schüttelte den Kopf. »Feuer!« Sie nickte. »Also Löwe, nein, Schütze oder vielmehr Widder!« Volltreffer. Darauf folgte selbstverständlich ein vielsagendes »Aha!« und ein Lächeln der soeben Geouteten. Dann kam Rita an die Reihe. Sie war ebenfalls Widder. »Zwei Widder, da geratet ihr aber öfter aneinander«, stellte Victor scharfsinnig fest. Sie lachten. Schließlich wurden Aszendenten geklärt und Konstellationen gedeutet. »Skorpion, die Sonne im 5. Haus, interessant, du bist sehr hartnäckig, stimmt's?!« Victor machte ziemlich viele Punkte in seiner Lieblingsdisziplin, dem Astro-Flirt. Astrologie ist ein Kommunikationssystem!

Nachdem ich bekennen mußte, weder den Aszendenten noch den genauen Zeitpunkt meiner Geburt zu wissen, war ich aus astrologischer Sicht nicht mehr vorhanden. Man teilte mir noch mit, daß ich wie Angie im Jahr des Drachen geboren worden war – eine Information, mit der ich wenig anfangen konnte –, ansonsten stand ich unbeachtet daneben und nippte an meinem Drink, während Victor Charme versprühte und Süßholz raspelte. Als die Band verstummte und ein transsexueller Moderator zur Prämierung des besten Glam-Rock-Outfits schritt, wollte ich gehen.

»Du kannst mich doch hier mit den beiden nicht alleine lassen«, zischte mir Victor ins Ohr. »Wie findest du eigentlich diese Angie?«

»Sie ist Widder!«

»Ich denke, du hast von Astrologie keine Ahnung.«

»Aber von Widdern!«

»Unseren spontan gestifteten Trostpreis, diese wunderschöne rosa Sonnenbrille im Elton-John-Stil, erhält der junge Mann dort hinten in seinem schnuckeligen Cord-Samt-Anzug!« rief der Moderator.

Victor mußte zur Bühne. Angie und Rita, die beiden Widderfrauen, klatschten begeistert. Ich ging.

Als ich die Straße überquerte, hörte ich zuerst Motorengeheul und Reifengequietsche. Dann sah ich die Scheinwerfer, die in beunruhigend kurzer Zeit immer größer wurden. Beunruhigend vor allem deshalb, weil sie mich direkt anstrahlten. Das Schlüsselbund, das ich bereits aus der Tasche gezogen hatte, um sogleich die Haustür aufzuschließen, fiel auf die Straße. Einen Augenblick lang war ich wie gelähmt. Ich starrte in die Scheinwerfer, die auf mich zu rasten und dachte an nichts. Keine Ahnung, was in mir vorging. Ich sah einfach nur diese beiden Lichter und war zu keiner Reaktion in der Lage. Wie hypnotisiert verfolgte ich die sehr reale 3D-Fassung des Kurzfeatures von vergangener Nacht, bis mir klar wurde, daß ich darin keine unwesentliche Rolle spielte und der Ausgang vielleicht noch etwas zu beeinflussen war.

Wie üblich standen auf beiden Straßenseiten dicht an dicht parkende Autos. Ich entdeckte eine Lücke zwischen einem Lieferwagen und einer Limousine und sprang einfach dorthin. Bevor ich durch die Luft schleuderte und auf der Motorhaube eines parkenden Autos aufschlug, spürte ich noch, wie ich am rechten Bein von dem Wagen erfaßt wurde.

»Wenn ich mir die Zeit genommen hätte, auf die Nummer zu achten, bräuchten Sie sich jetzt nicht mehr mit mir zu beschäftigen«, sagte ich zu dem Zivilfahnder, der neben dem Bett saß und meine Aussage aufnahm. Er war um die Vierzig, mittelgroß, mittelblond, nicht dick, nicht dünn. Das Auffälligste an ihm war seine Knoblauchfahne. Leider konnte ich nicht aufstehen und das Fenster öffnen, denn mein rechtes Bein war bis zum Oberschenkel eingegipst und lag in einer Schlaufe, die etwa einen Meter über meinem Krankenbett hing.

»Können Sie sich wenigstens an den Fahrzeugtyp erinnern, an die Farbe, oder haben Sie erkannt, ob eine oder mehrere Personen darin gesessen haben?«

»Tut mir leid.«

Der Polizist seufzte und kritzelte etwas in sein Notizbuch. Währenddessen fächelte ich mir unauffällig von der anderen Seite des Bettes etwas Frischluft zu. Doch das Krankenzimmer, in dem ich lag, war vielleicht zehn Quadratmeter groß und etwas über zwei Meter hoch. Der Polizist hielt sich schon etwa eine halbe Stunde darin auf. Es war also nicht ganz einfach, irgendwo noch etwas Luft aufzutreiben, die nicht nach Knoblauch roch.

»Haben Sie Feinde, oder gibt es Leute, die Sie aus irgendwelchen Gründen nicht besonders mögen?«

Widder! Nein, das sagte ich nicht. Sonst hätte er mich vermutlich für verrückt gehalten. Dafür erzählte ich ihm von den Drohbriefen und dem nächtlichen Anruf.

»Und Sie wissen nicht, wer dahinterstecken könnte?«

Ich zuckte mit den Schultern, die ja Gott sei Dank noch in Ordnung waren, und schüttelte den Kopf, der ebenfalls keinen Schaden genommen hatte, jedenfalls keinen, der mir auffiel.

»Wenn Ihnen noch etwas einfällt, dann rufen Sie mich an«, sagte er und legte seine Karte auf den Nachttisch. »Auf Wiedersehen und gute Besserung!«

»Ach, könnten Sie vielleicht so nett sein und das Fenster einen kleinen Spalt ...«

Nach einer Woche bekam ich zwei Krücken und wurde entlassen. So schleppte ich mich durch meine Wohnung und sammelte Autogramme auf meinem Gipsbein. Normalerweise kriege ich nur selten Besuch. Mit Freunden traf ich mich gewöhnlich in Kneipen, und Frauen ersparte ich nach Möglichkeit den Anblick meiner Wohnhöhle. Auch Christine hatte sie nie zu Gesicht bekommen. Jetzt gab es kaum einen Tag, an dem ich nicht von irgendeinem Bekannten, Freund, Kollegen oder Nachbarn besucht wurde. Ich hätte nie gedacht, daß es so viele Leute gab, denen mein Wohlergehen am Herzen lag. Mir wurde Kaffee gekocht und Kuchen mitgebracht, es gab Leute, die aufräumten und für mich einkauften, ich fühlte mich wie ein Gast in meiner eigenen Wohnung.

Ein Fernsehteam rückte an, um mich zu meinem Lieblingsthema zu befragen: »Ist rechte Rockmusik gefährlich?« Nach meinem eher aus dem Handgelenk geschriebenen Artikel ging offenbar das Gerücht um, ich sei so etwas wie ein Experte auf diesem Gebiet, ein intimer Kenner der Materie. Die Journalistin, die mich interviewte, hieß Karla und stellte so niedliche Fragen wie: »Woran erkennt man denn heute Nazi-Bands, wenn sie gar keine rechten Parolen mehr ins Mikrophon brüllen?« Nach dem Interview tranken wir noch einen Kaffee. Dabei entdeckte sie mein Sternzeichenbuch. »Du interessierst dich für Astrologie?«

»Notgedrungen sozusagen.«

»Aha, du bist wohl Widder?« Ihr waren meine Anstreichungen aufgefallen. »Widdermenschen sind rücksichtslos offen«, las sie laut. »Sie können sich nicht verstellen. Kein Geheimnis ist bei ihnen sicher.« Sie lächelte.

Ich lächelte ebenfalls. So kam ich also völlig unvorbereitet zu meinem ersten Astro-Flirt, noch dazu mit einem falschen Sternbild. Victor wäre sicher stolz auf mich. Ich borgte ihr das Buch und bekam dafür ihre Telefonnummer. Kein schlechter Tausch!

»Widder lügen nicht«, summte ich am Abend so lange vor mich hin, bis ich schließlich zum Hörer griff und die Nummer von Christine wählte. Wenn etwas dran war an meiner Widdertheorie, dann würde ich es an ihrer Stimme hören, ob sie hinter den Drohbriefen und dem Anschlag steckte oder nicht. »Widder können nichts verbergen!« Wahrscheinlich verwechselte ich mal wieder Astrologie und Psychologie.

Christine schäumte nicht gerade über vor Begeisterung, als sie hörte, wer am anderen Ende der Leitung war. »Was willst du?«

»Nur mal hören, wie es dir geht!«

»Gut! War's das?«

»Ich hab dich neulich im Auto bei mir vor der Tür gesehen.«

Sie lachte. »Das hättest du wohl gerne.«

»Im Ernst, ich hab dich gesehen, als du mich über den Haufen gefahren hast.«

»Bist du betrunken?«

»Außerdem habe ich seltsame Post bekommen nach unserer Auseinandersetzung, Briefe ohne Absender ...«

»Verstehe. Und jetzt meinst du, ich hätte sie dir geschickt.«

»Hast du?«

»Warum sollte ich das tun?«

»Warum wolltest du nicht mit mir reden, als ich bei dir anrief?«

»Ich glaube, du bildest dir ein bißchen zu viel ein. Du warst nicht mein erster Irrtum und wirst nicht mein letzter sein. Und jetzt entschuldige mich bitte, ich bin verabredet.«

Es klingelte. Karla wollte mich besuchen. Gestern hatte ich ihren Beitrag gesehen und sie danach angerufen. Ich drückte auf den Türöffner, ließ die Wohnungstür einfach angelehnt und fing schon mal an, die Flasche Rotwein zu entkorken, die ich für den Abend besorgt hatte. In meinem CD-Player liefen die »Deserter's Songs« von Mercury Rev. Ich hatte sogar eine Kerze angezündet und sang ausgelassen mit: »With her spanish candles an' her persian poems stuck on the rock inside opus 40 stoned«, als die Tür aufgestoßen wurde und nicht das bezaubernde Lächeln von Karla im Rahmen erschien, sondern die finsteren Gesichter fünf martialisch aussehender Männer. Sie waren um die Dreißig, hatten entweder zerzauste lange oder gar keine Haare auf dem Kopf, ihre kräftigen Unterarme waren mit kunstvollen Runenornamenten tätowiert, und sie trugen jede Menge Metall im Gesicht und an den Fingern. Zweifellos hatte ich diese Visagen schon einmal gesehen. Sie gehörten der Heavy-Metal-Band *Untergang des Abendlandes*, deren Blut-und-Boden-Metaphern ich in meinem Artikel seziert hatte und die mir immer wieder als Beispiel dafür diente, wie eine mythisch überladene Sprache im Zusammenspiel mit primitivem, effektvoll inszeniertem Bombast-Rock rechten Ideologien den Weg bereiten konnte.

Der Sänger und Kopf der Gruppe – ein gewisser Sascha Schmidt, der sich der Einfachheit halber auch SS nannte – hatte sogar eine Kopie meines Artikels dabei, die er wortlos, während die anderen sich hinter ihm zu einer menschlichen Mauer aufbauten, auf den Tisch warf. Ich hob sie auf, obwohl ich glaubte, daß die Jungs es im Augenblick weniger darauf abgesehen hatten, mit mir über einzelne Passagen zu diskutieren. Vielmehr sahen sie so aus, als hätten sie vor, ihrem Namen alle Ehre zu machen.

»Nett, daß ihr euch mal sehen laßt«, brach ich das Schweigen. »Ich habe eigentlich mit jemand anderem gerechnet, aber wenn ihr schon mal da seid, darf ich euch etwas zu trinken anbieten?«

Sascha Schmidt betrachtete das Etikett der Rotweinflasche. »Guter Tropfen, was?« Er nahm einen Schluck aus der Flasche und warf sie anschließend mit voller Wucht gegen die Wand. »Der schmeckt nach Korken!« Der Untergang des Abendlandes hatte begonnen.

»Verdammte Tuntenmusik!« schimpfte ein anderer – ich glaube, es war der Bassist – und stellte die Musik ab, indem er mit seinem Springerstiefel in die Stereoanlage trat. »So was gefällt also unserem Freund!« Meine CDs segelten wie Frisbeescheiben durch das Zimmer. »Tunten, Neger und Kommunisten! Kein einziger Deutscher!« Den anderen schien nicht nur mein Musikgeschmack, sondern auch mein Einrichtungsstil zu mißfallen. Sie machten sich daran, Bücherregal, Schreibtischstuhl, Tisch und Sessel zu zerlegen. Mein Notebook zerschellte auf dem Fußboden.

Nachdem sie alles kurz und klein geschlagen hatten, rissen sie mir die Krücken aus den Händen und fingen an, mich mit ihren Stiefeln zu bearbeiten. »Wir haben dich gewarnt, haben dir Briefe geschickt, dich angerufen und sind mit dem Auto vorbeigekommen. Aber du willst einfach nicht deine verdammte Judenfresse halten.«

Sie sprangen auf mir herum, traten mir in den Magen, bearbeiteten mich mit Tischbeinen, und irgendwann hatte ich das Gefühl, daß mein linkes Bein ebenfalls brach. Einer von ihnen hielt mir den Mund zu, damit ich nicht schreien konnte. Ich weiß nicht, ob ich noch am Leben wäre, wenn es nicht irgendwann geklingelt hätte. Karla hatte sich etwas verspätet.

»Laßt uns abhauen«, befahlt Sascha Schmidt. Und seine Jungs gehorchten aufs Wort, wie es sich für gute Deutsche gehörte.

Es klingelte Sturm, aber ich kam nicht hoch. Auf einmal wurde es ruhig. Vermutlich hatte meine Lieblingsband Karla unten die Tür geöffnet. Ich stützte mich auf den Ellenbogen, wobei mein Blick auf den Artikel fiel, der in dem Chaos zufällig neben mir auf dem Boden gelandet war. So entdeckte ich einen Druckfehler, der mir bislang noch gar nicht aufgefallen war. Ich hätte wohl gelacht, wenn ich dazu in der Lage gewesen wäre. Unter der Überschrift »Das Blut der Väter« stand dort schwarz auf weiß: »Widderliches Teutonengedröhn wird salonfähig!«

Skye Alexander
Liebe, Leben, Tod und Baseball

Hier in Boston beginnt das Jahr am Eröffnungstag der Baseball-Saison – nicht am ersten Januar, sondern früh im April, wenn die Sonne im Sternzeichen Widder steht. Das Spielfeld am Fenway Park leuchtet so hell wie das künstliche Gras in den Osternestern, und der süßsaure Geruch von gebratenen Hot dogs hängt verführerisch zwischen den Buden. Das grüne Monster lockt uns wie die Sirenen in der Antike, und wir erwachen aus dem langen Winterschlaf, graben uns aus den Schneewehen (manchmal ganz wörtlich) und fangen wieder an zu hoffen. Denn der Frühling steht schließlich im Zeichen der Hoffnung. Und nirgends sonst klammert sich die Hoffnung mit solcher Hartnäckigkeit an den dünnsten Faden wie im Herzen eines Red Sox-Fans.

Nur weil der erste Spieltag offiziell den Frühling einläutet, heißt das noch lange nicht, daß es im Stadion warm ist. Mein Gatte Mark und ich hatten schon bei so manchem Spiel in langen Unterhosen und gefütterten Parkas ausgeharrt und die erfrorenen Finger an den Kaffeebechern gewärmt. Aber heute ist es anders. Heute – am Eröffnungstag der Baseball-Saison 1981, auf den zufällig auch mein Geburtstag fällt – ist das Wetter so herrlich wie selten. Perfektes Baseball-Wetter. Auf den Rängen haben die heulenden Horden die T-Shirts ausgezogen und schwingen sie in der Luft wie Lassos, als die Mannschaften das Spielfeld betreten: Evans, Rice, Miller, Perez, Stapleton, Hoffman, Lansford, Allenson und Eckersley. Allerdings verspüre ich beim Anblick von Carlton Fisk im Chicagoer Trikot einen Stich, als bohre mir jemand eine Rebschere in die Eingeweide. Es ist eine Wunde, die sich am Ende des Tages entzündet hat und während der gesamten Saison nicht heilen wird.

In der ersten Spielhälfte ist Eckersley der Pitcher, und nur drei Gegenspieler schaffen es bis zur ersten Base. Dann, am Ende des fünften Inning zwingt mich das Schicksal in Form einer vollen Blase, meinen Platz zu verlassen und hinunter in die stinkenden Katakomben unter den Rängen zu gehen. Wie anders wäre mein Leben verlaufen, wenn ich nur noch ein paar Minuten gewartet hätte, bis Dewey seinen Home-Run geschlagen hatte. Aber natürlich wissen wir nicht, was die Zukunft für uns bereithält – Home-Runs oder Herzeleid –, und selbst, wenn wir es wüßten, ist immer noch fraglich, ob wir etwas daran ändern könnten. Der freie Wille ist etwas, was sich die frühchristlichen Vorfahren der heutigen Werbemanager für uns ausgedacht haben, damit wir die vollen neun Innings durchspielen und nicht schon unter die Dusche gehen, bevor wir überhaupt zum Schlagen gekommen sind.

Es gibt 7420 Plätze auf den Rängen des Fenway Park Stadions; und heute sind sie alle besetzt. Zum jetzigen Zeitpunkt ist schon eine stattliche Anzahl der Besucher betrunken, und der Gang hat sich in einen Hindernis-Parcours aus menschlichen Leibern verwandelt. Jemand rempelt mich von hinten an, ich stolpere und falle wie in einer

Reihe Dominosteine auf den Kerl vor mir. Es ist wirklich nicht meine Schuld, daß der Becher Bier, den er in der Hand hält, umkippt, und der Inhalt sich über sein offizielles Red Sox-Mannschaftstrikot ergießt. Trotzdem fühle ich mich dafür verantwortlich.

»Ach, Mensch, das tut mir wirklich leid«, entschuldige ich mich schnell. Ohne nachzudenken, tupfe ich seinen Unterleib mit meinem Taschentuch ab, was nicht viel nützt. Dann wird mir klar, daß ich so vertraut über den runden Bauch eines völlig Fremden streichle wie eine Mutter, die das schmutzige Gesicht ihres Kleinkindes mit der eigenen Spucke saubermacht.

»Ist schon in Ordnung«, versichert mir der Mann. »Ich habe wahrscheinlich sowieso genug.«

Er ist ungefähr fünfzig, schätze ich, mit Tränensäcken unter den blauen Augen. Wenn er lächelt, blitzen sie auf wie Neonlichter in Las Vegas, und sein unauffälliges Gesicht bekommt einen faszinierenden Ausdruck. Auf seiner blassen, weichen Haut zeigen sich schon dunkelrote Flecken, die ihm heute abend fast so viel Schmerzen bereiten werden wie der spielentscheidende Home-Run von Fisk im achten Inning.

»Bitte, darf ich Ihnen noch ein Bier holen?« biete ich ihm an.

Er lehnt mein Angebot mit einer Handbewegung ab. »Ist nicht nötig, wirklich nicht.«

»Ich würde mich besser fühlen«, erkläre ich ihm.

»Aha. Dann ist das Bier also eigentlich für Sie.« Er blickt mich verärgert an. Seine Augen sind jetzt so kalt wie das weite All, und er beugt sich zu mir, bis der Schirm seiner Baseballmütze fast meine Stirn berührt. »Ein Geschenk mit Bedingungen ist eine Falle.«

Dann dreht er sich um, mischt sich unter die tosende Menge und ist verschwunden.

Die Red Sox verlieren das Spiel 5 zu 3. Der Griff, mit dem sich die Hoffnung an den dünnen Faden klammert, lockert sich. Es ist ein Zeichen, vermute ich, aber ich bin mir noch nicht sicher, für was.

*

Als ich am Samstagmorgen in den Flower Child Garden Shop komme, schaut mein Boß Charlie Mencer von der Zeitung hoch und fragt mich: »Hast du dein Horoskop heute schon gelesen, Jess?«

Er macht sich immer über mich lustig wegen der Astrologie, von der er absolut überhaupt nichts hält, obwohl er sich, wie die meisten Skeptiker, nie richtig damit beschäftigt hat.

»Das ist keine richtige Astrologie«, erkläre ich ihm. »Das ist nur zur Unterhaltung, wie chinesische Glückskekse.«

»Na, heute trifft es den Nagel auf den Kopf: ›Eine unüberlegte Wette könnte sich als kostspielig erweisen‹«, sagt er und hält mir die offene Hand hin. »Fünf Mäuse.«

Ich gebe sie ihm. Seit drei Jahren wetten Charlie und ich auf jedes Spiel der Red Sox. Ich setze immer auf die Sox. Charlie, der gerne das Gegenteil von dem tut, was man erwartet, setzt auf die gegnerische Mannschaft.

»Wenn sie Fisk seinen Vertrag ein paar Tage früher geschickt hätten, wäre das Spiel ganz anders verlaufen«, sagt er und steckt meine fünf Dollar ein.

»Du hast die Wette gewonnen, also reib es mir nicht auch noch unter die Nase.«

Ich schenke mir eine Tasse Kaffee aus der Kanne ein, die Charlie als erstes jeden Morgen aufsetzt. Er läßt sie den ganzen Tag auf der Wärmplatte, und am Nachmittag sieht das Gebräu aus wie die Teergruben von La Brae.

»Hinten ist eine Lieferung Grassamen, die gestern gekommen ist. Pack sie aus und stell sie vorne hin, neben den Dünger. Dann fahr diese zwei Blumenlieferungen aus, und wenn du zurückkommst, kannst du mal damit anfangen, diese Zementteile auszupreisen.« Er meint eine Lieferung mit Gartenfiguren aus Beton und Kunststoff, die gestern gekommen sind – Schwäne, Schildkröten, Häschen, Puten, Statuen des Heiligen Franziskus und Madonnenfiguren, die züchtig in einer Art Mini-Amphitheater stehen. Die Madonnen nennt Charlie »Marien auf der Halbmuschel.«

»Nur mit der Ruhe, Boß, ich bin noch nicht mal mit meinem Kaffee fertig. Wo wir gerade dabei sind: Laß es dir eine Lehre sein, was passiert ist, als das Management Carlton Fisk nicht zu schätzen wußte.«

»Soll das eine Drohung sein?«

Ich lächele milde. »Du kommst dieses Mal noch mit einer Verwarnung davon.«

Auch wenn unsere Hakeleien einem Fremden recht feindselig erscheinen mögen, kommen Charlie und ich in Wirklichkeit ziemlich gut miteinander aus, vor allem wenn man bedenkt, daß wir jeden Tag zusammen arbeiten müssen und daß ich, wie die meisten Widder, ungefähr soviel Respekt vor Autoritäten habe wie ein Stinktier vor einem aufdringlichen Schäferhund.

Ich habe meinen Kaffee zur Hälfte getrunken, als das indonesische Glockenspiel bimmelt, das über der Tür hängt. Ein Mann mittleren Alters betritt den Laden, der mir irgendwie bekannt vorkommt. Wie die meisten Menschen sieht er ohne Mütze ziemlich verändert aus, und ich brauche eine Sekunde, bis mir einfällt, woher ich ihn kenne. Er erkennt mich allerdings sofort.

»Sie!« sagt er. Es ist der Kerl aus dem Stadion.

»Was für ein Zufall«, erwidere ich spöttisch.

»Es gibt keine Zufälle«, sagt er und starrt mich mit einem durchbohrenden Blick an. Dann schüttelt er langsam den Kopf und schenkt mir ein reumütiges Lächeln. »Natürlich hat Carlton Fisk zum Schluß das Spiel herumgerissen.«

Ich nehme das als eine Art Waffenstillstand. Baseball ist der gemeinsame Nenner, auf dem wir aufbauen können.

»Wenn es nicht so demoralisierend wäre, dann würde ich jetzt sagen: Hab ich doch gleich gesagt.«

»Wie immer ...« Seine Stimme verstummt, dann kommt er übergangslos auf den ursprünglichen Anlaß seines Besuches zu sprechen und fragt: »Sie machen Gartenarbeiten, richtig?«

»So, wie es draußen auf dem Schild steht.«

»Genau. Also. Bei mir muß was gemacht werden. Gartenarbeit, meine ich.«

»Um was handelt es sich?«

»Nichts Großes.« Offensichtlich überlegt er, wieviel Hacken und Graben man von einer neunundzwanzigjährigen Frau mittlerer Größe erwarten kann. »Nur ein paar Blumenbeete. Sie müssen neu bepflanzt werden.«

»Wo wohnen Sie?«

Er nennt mir seine Adresse in einem der reicheren Vororte, und ich sehe in meinem Terminkalender nach. »Wie wär's mit Dienstag, um elf?«

»Gut.«

»Wir nehmen dreißig Dollar die Stunde bei einem Minimum von zwei Stunden Arbeitszeit. Die Kosten für die Pflanzen und das sonstige Material werden extra berechnet.«

Er nickt. »Dann bis Dienstag.«

Ich schreibe seinen Namen, Patrick O'Neal, und die Telefonnummer in meinen Kalender. Bevor er geht, wirft er mir noch ein bezauberndes Baby-blaues Lächeln zu, und ich gehe davon aus, daß wir jetzt Freunde sind. Zumindest spielen wir jetzt im selben Team.

*

»Machst du dieses Wochenende die Fernsehantenne endlich aufs Dach, oder was?« will Tony wissen.

Tony ist unser Vermieter, ein fetter, mißlauniger Mann mit Glubschaugen, der ständig Pall-Mall-Zigaretten ohne Filter raucht, obwohl er an einem Lungenödem leidet und manchmal solche Hustenanfälle bekommt, daß ich schon denke, er würgt sich Lunge und Gedärme aus dem Leib.

Er ist Junggeselle und lebt im Erdgeschoß unseres dreistöckigen viktorianischen Hauses. Seine Zeit verbringt er mit Kreuzworträtseln, oder er legt Patiencen und liest Romane von Louis L'Amour. Tony bedauert in seinem Leben nichts so sehr wie die Tatsache, daß er sechs Tage nach dem Sieg der Red Sox geboren wurde, als sie 1918 die World Series gewonnen haben; seither wartet er darauf, daß sie wieder einmal Meister werden.

Mark brummt etwas Unverbindliches. Er will es nicht zugeben, aber mein starker, athletischer Gatte leidet an Höhenangst. Jetzt sucht er nach einer Möglichkeit, wie er darum herumkommt, die Antenne auf dem Dach des dreistöckigen Gebäudes anzubringen, und gleichzeitig nichts von der Höhenangst sagen muß, die er für eine unmännliche Schwäche hält.

»Weiß der Himmel, warum ich sie mir immer noch anschaue, die Flaschen«, murrt Tony.

Die Flaschen sind die Red Sox, eine gängige Bezeichnung unter den Boston-Fans, die eine Haßliebe zu ihrer Mannschaft pflegen.

»Warum machst du's dann?« frage ich.

Er schaut mich an, als hätte ich etwas gesagt, das man nicht einmal denken darf. »Was soll ich denn sonst machen?«

*

Im Gartenbaugewerbe beginnt das Jahr wirklich am Eröffnungstag. An diesem Morgen haben wir so viele Kunden im Flower Child Garden Shop, daß ich mit fast einer halben Stunde Verspätung zu O'Neals Haus komme.

»Ich dachte schon, Sie kommen nicht mehr.« Er klingt besorgt.

»Ich wollte Sie anrufen«, sage ich, als ich aus dem Laster steige. »Es tut mir leid, daß ich mich verspätet habe. Aber im Laden gibt es zur Zeit unglaublich viel zu tun.«

Ich überreiche ihm einen Topf mit Portofino-Tulpen. »Ich durfte Ihnen ja kein Bier kaufen, da habe ich Ihnen statt dessen die hier mitgebracht. Ganz ohne irgendwelche Bedingungen.«

Er nimmt sie und sagt: »Vielen Dank. Die sind viel besser als ein Bier, besonders als dieses verwässerte Zeug im Stadion.«

Der Rasen von O'Neal ist eine multikulturelle Angelegenheit, auf der mindestens ein Dutzend verschiedene Wildkräuter wachsen. Ich folge ihm um das Haus herum auf die Südseite, wo sich die Blumenbeete befinden. Mit der Zeit bin ich viel in Gärten herumgekommen und habe so ziemlich alles gesehen – mein Job gleicht dem eines Polizisten in der Großstadt, nur ist mein Revier die Pflanzenwelt. Trotzdem erschüttert mich der Anblick der Zerstörung. Hunderte von Tulpen und Narzissen sind aus der Erde gerissen, wobei die Zwiebeln noch an den Stielen hängen. Die leblosen Kadaver sind im Garten verteilt, als wären sie einem Tornado zum Opfer gefallen. Viele haben noch nicht einmal geblüht. Der Boden ist voller Löcher, aber es ist klar, daß niemand sie ausgehoben hat, um neue Blumen zu pflanzen; sie wurden mit einem scharfen

Gegenstand wild und planlos in den Boden gebohrt und gehauen. Alles deutet auf ein kurzes, heftiges Wüten hin.

»Der Abschiedsgruß meiner Frau«, erklärt O'Neal. »Sie war eifersüchtig auf die Blumen.«

Ich wundere mich instinktiv, daß er die zerstörten Pflanzen nicht gleich weggeräumt, sondern ein paar Tage lang liegengelassen hat. Und wie kann ein Mensch auf Blumen eifersüchtig sein? Aber ich bin Gärtnerin, keine Psychiaterin, also halte ich den Mund, bücke mich und untersuche die Überreste.

»Die meisten Zwiebeln können wir wieder einpflanzen. Natürlich werden sie dieses Jahr nicht mehr blühen.« Ich sammle die Zwiebeln ein, die nicht bis zur Unkenntlichkeit zerdrückt worden sind. »Wollen Sie irgend etwas Besonderes auf den Beeten haben?«

»Ich möchte immer Blumen sehen«, sagt er mehr zu sich selbst als zu mir.

»Für den Frühling müssen wir uns mit einjährigen Pflanzen aushelfen, aber ich kann mehrjährige Stauden setzen und neue Zwiebeln stecken, die dann im Sommer und im Herbst blühen.«

Er macht mich nervös, wie er nur dasteht und auf die zerstörten Blumenbeete starrt. Den Topf mit den Tulpen drückt er an seine Brust wie ein einsames Kind seinen Teddybären.

»Ich räume jetzt dieses Chaos auf, dann nehme ich ein paar Bodenproben und messe das Gelände aus, damit ich ein paar Skizzen machen kann«, erkläre ich. »In einer Stunde bin ich sicher damit fertig.«

Er rührt sich nicht von der Stelle; ich finde mich mit seiner merkwürdigen Gesellschaft ab und hole die Gartengeräte aus dem Laster. Er bleibt in der Nähe, bis ich die letzten Blätter und Stengel der verwüsteten Blumen aufgesammelt und die Erde mit dem Rechen geebnet habe, dann dreht er sich abrupt um und geht ins Haus. Ich komme mir komisch vor – wie ein Leichengräber, der gerade einen geliebten Menschen beerdigt hat.

In der nächsten halben Stunde nehme ich Bodenproben an verschiedenen Stellen des Gartens und skizziere grob einen Plan der Beete. Als ich fertig bin, klopfe ich an die Haustür, um O'Neal Bescheid zu sagen, daß ich gehe. Außerdem möchte ich einen neuen Termin ausmachen. Ich pflanze Blumen lieber, wenn der Mond zunimmt, das unterstützt ihr Wachstum. Wenn möglich, wähle ich einen Zeitpunkt, an dem der Mond entweder in der Waage oder im Stier steht, denn diese Zeichen bestimmen die Blumen. Nach meinen Ephemeriden ist der kommende Freitag genau richtig.

»Kann ich Ihnen eine Limonade anbieten?« fragt er.

»Ja, gerne, vielen Dank.«

Er hält die Tür für mich auf, und ich trete in eine mit Nippes völlig überfrachtete Küche. Hätte ich Martha Stewart 1981 schon gekannt, würde ich sagen, er war ihr größter Fan.

»Sie können sich die Hände dort hinten waschen«, sagt er und weist mir den Weg zu einem Badezimmer am Ende eines langen Flurs.

An beiden Seiten des Flurs hängen gerahmte Schwarzweißfotografien von Blumen. Die Fotos strahlen eine geradezu unverschämte Erotik aus. Rosen mit Tautropfen, die auf den fleischigen Blütenblättern glitzern; das dunkel einladende Zentrum von Lilienblüten; Hibiskus mit lüstern erigierten Staubgefäßen. O'Neal kommt mit einem Glas Limonade in jeder Hand auf mich zu, und ich spüre, daß ich rot werde.

»Was halten Sie davon?« fragt er.

»Wenn Sie die fotografiert haben, dann verstehe ich, warum Ihre Frau eifersüchtig war.«

Im Wohnzimmer hängen noch mehr Fotos. Seltsam berührende Bilder, auf denen neben den Blumen auch Menschen sind. Eine Frau, die wie tot auf einer Bank neben einem altmodischen Schwimmbad aus Stein liegt; Rosen fallen aus ihrer Hand in das leere Becken. Die Füße und Beine einer Frau, die von einer zerbrochenen Vase mit Blumen auf dem Boden wegläuft; daneben liegt ein umgestürztes Glas Wein, und die dunkle Flüssigkeit verteilt sich zwischen den Blumen wie Blut. Ich komme zu dem Bild eines kleinen Mädchens, das vom Rücksitz eines Cabriolets lächelt wie eine Faschingsprinzessin und in den Händen einen riesigen Blumenstrauß hält. Plötzlich breche ich in Tränen aus.

»Was ist los?« fragt O'Neal.

Ich schüttele nur den Kopf und weine weiter. Es ist mir peinlich, daß ich vor einem Fremden weine – und daß die Bilder so unerwartete Gefühle in mir ausgelöst haben –, aber ich kann nichts gegen die Tränen tun. Durch O'Neals Linse sehe ich, wie Männer Frauen betrachten: als faszinierende Objekte. Und ich sehe, wie wir Frauen uns darum bemühen, diesen Fantasien zu entsprechen, unser Leben ihren Bildern und Erwartungen anpassen und dabei verlieren, nach was wir uns in Wirklichkeit sehnen: Anerkennung, Freundschaft und Verständnis – aber am meisten sehnen wir uns danach, mit dieser Leidenschaft geliebt zu werden, die O'Neal auf seine Fotografie verwendet.

Er führt mich zu einem Sessel. Lange Zeit hält er meine schwieligen Händen voller Erd- und Grasflecken in seinen weichen weißen Fingern.

Dann sagt er schließlich: »Sie wurden nie wirklich geliebt.«

Welche Frau wird das schon? will ich ihn fragen. Ich denke an die Sport-Obsession meines athletischen Gatten, an die Hingabe, mit der sich mein Vater seinem Beruf gewidmet hat. Ich denke an O'Neals Blumen.

»Warum hat Ihre Frau Sie verlassen?«

»Ich trinke zuviel, ich habe nicht die richtigen Freunde.« Er fährt sich mit der Hand durch das dünner werdende rotblonde Haar. »Sie hatte ihre Gründe.«

Aber ich weiß, daß sie ihn verlassen hat, weil er seine Kunst mehr liebt, als er seine Frau je lieben konnte.

*

Ich erzähle Charlie, daß der Job bei O'Neal uns eine vierstellige Summe einbringen wird. Er nickt, ohne eine Reaktion zu zeigen, und reicht mir den Joint. Charlie und ich sind im Geräteschuppen und rauchen Marihuana, was wir uns manchmal erlauben, wenn wir uns am Ende des Tages ein bißchen entspannen wollen. Natürlich baut er sein eigenes Zeug an. Es wächst zwischen dem japanischen Rot-Ahorn und den Pappeln aus der Lombardei auf dem Grundstück hinter dem Laden. Er glaubt, daß man etwas am besten da versteckt, wo es eigentlich alle sehen können. Ich habe einmal vorgeschlagen, daß er das Zeug verkaufen soll – Shit ist um einiges gewinnträchtiger als Blumen.

»Ich mache keine Geschäfte mit Gras«, hatte er trocken erwidert.

Charlie ist ein alternder Hippie, der sein Pflanzengeschäft damit angefangen hat, daß er 1965 mit dem Fahrrad im Haight herumgefahren ist und Blumen zum Verkauf angeboten hat. In einem Zeitalter, wo Kokain regiert und Habgier als gute Eigenschaft gilt, ist er ein lebender Anachronismus.

»Wer ist eigentlich dein Lieblingsspieler?« frage ich und meine, daß ich das irgendwie schon wissen müßte.

»Pete Rose.«

»Weil er so gut mit dem Baseballschläger umgehen kann?«

Charlie schüttelt den Kopf.

»Weil er so einen unglaublichen Kampfgeist hat?«

»Nö.«

»Okay, ich geb's auf. Warum?«

»Sein Name.«

»›Charlie Hustle‹, auch bekannt als der Rempler?«

»Rose.«

O'Neal ist ein Saisoneröffnungsfan, wie ich bald herausfinde. Er kennt die Startaufstellung und weiß, auf welchem

Platz die Sox am Anfang der Saison in Form sind – aber eigentlich weiß das jedes Kind. In Boston überbrückt Baseball die größten sozialen Unterschiede. Mit einer Bemerkung wie »Na, wie steht es denn jetzt mit den Sox?« kriegt man garantiert in jeder Bar und jedem Café eine Unterhaltung in Gang. Aber man kann mit O'Neal keine Diskussion darüber anfangen, ob der Schlagarm von Dwight Evans oder die Laufstärke von Mickey Rivers mehr für das Outfield bringt, oder ob es für eine Mannschaft besser ist, wenn sie einen Catcher haben, der einen kräftigen Schlag hat, oder einen, der dem Pitcher genau sagen kann, welche Würfe dem gegnerischen Batter Probleme machen.

Sein Wissen über Blumen ist ähnlich begrenzt. Obwohl er sie fast ehrfürchtig behandelt, hat er nicht das geringste Interesse an ihren Gattungsbezeichnungen, welche Erde und wieviel Sonne sie brauchen, oder welche Besonderheiten bei ihnen zu beachten sind. Sein Verhältnis zu Blumen ist eine blinde Idealisierung, wie wir sie alle bei unseren Göttern an den Tag legen. Bei Mark ist es das gleiche mit Sportlern – er haßt es, wenn Interviews mit ihnen gezeigt werden, weil es sie zu real macht.

Trotzdem rede ich mit O'Neal über die neuen Blumen, während ich sie in die Erde stecke. Ich fühle mich unwohl in seiner ständigen Gegenwart, und ich rede, um das Schweigen zu brechen. Vielleicht bleibt ja etwas davon hängen. Aber nachdem ich ein paar Tage in seinem Garten gearbeitet habe, ist mir klar, daß es ihm wahrscheinlich unmöglich ist, sich an meinen sorgfältig ausgearbeiteten Plan zu halten, die Blumen zu gießen und zu düngen und das Unkraut zu jäten.

»Wenn Sie sich nicht um die Pflanzen kümmern, dann gehen sie ein«, warne ich ihn. »Dann haben Sie nicht nur Ihr Geld zum Fenster hinausgeworfen, sondern Sie haben den Tod dieser Blumen für immer auf Ihrem Gewissen.«

Er lächelt mich unschuldig an und streckt mir die Handflächen entgegen. Er erinnert mich an die Jesusfiguren, die wir im Laden verkaufen.

»Vielleicht sollten Sie eine ständige Gartenpflege für mich einrichten«, schlägt er vor.

Ich habe das Gefühl, daß er das schon die ganze Zeit im Sinn gehabt hat.

*

Die schattige Seite von O'Neals Garten ist besser davongekommen als die Sonnenseite. Maiglöckchen umsäumen das Blumenbeet und erfüllen die Luft mit ihrem zarten Duft. Hinter ihnen stehen zwei Tränende Herzen, ein paar schöne Funkien und verschiedene Farne. Im Hintergrund sieht man Fingerhut, die dunkelvioletten, trompetenförmigen Blüten der Akelei, dazwischen blüht gelbe Iris und dahinter der Eisenhut. Hier muß ich nur im vorderen Teil weiße Fleißige Lieschen einpflanzen, damit das Arrangement etwas freundlicher wirkt.

Ich nehme mir dringend vor, O'Neal vor dem Eisenhut zu warnen. Die Pflanze ist absolut tödlich, ebenso der Fingerhut, der ohne weiteres einen Menschen ins Jenseits befördern kann. Es ist nicht anzunehmen, daß O'Neal von den Pflanzen kostet, aber ich will keinen Prozeß an den Hals kriegen, wenn er den Saft des Eisenhuts in eine offene Wunde bekommt und sich in Todeskrämpfen windet.

*

Tony pflanzt geschmacklose rote Geranien als eine Art Umrandung an der gesamten Frontseite unseres Hauses und an den Rändern zum Gehweg. Jedes Jahr schlage ich ihm vor, daß ich etwas Interessanteres pflanzen könnte, biete meine professionellen Dienste gratis an und würde ihm die Pflanzen zum Großmarktpreis beschaffen. Aber davon will er nichts hören. Ihm gefallen die Geranien aus dem Supermarkt wirklich, genauso, wie manche Leute Toastbrot einem selbstgebackenen Vollkornbrot vorziehen.

Als ich die Auffahrt hochfahre, wirft er mir einen finsteren Blick zu und brüllt: »Bernie hat mein Eichhörnchen gerissen.«

Er meint meinen Kater, den ich nach Bernie Carbo benannt habe, schon immer einer meiner absoluten Lieblingsspieler. Die meisten Leuten erinnern sich nicht mehr daran, aber wenn Carbo 1975 im sechsten Spiel der World Series nicht zwei Leute ins Ziel gebracht und selbst einen Home-Run hingelegt hätte, dann wäre Carlton Fisk nie zu seinem berühmten, spielentscheidenden Schlag gekommen.

»Das ist Instinkt, dagegen kann man nichts machen.« Ich zucke mit den Schultern.

»Dieses Eichhörnchen hat mir die Erdnüsse direkt aus

der Hand gefressen. Jeden Morgen ist es ans Küchenfenster gekommen, ist dir das klar?«

»Ein Eichhörnchen ist ein wildes Nagetier. Warum legst du dir nicht ein echtes Haustier zu?«

»Ich wollte nicht, daß ihr jungen Leute die Katze in der Wohnung habt, erinnerst du dich? Ich habe dann doch zugestimmt, obwohl ich es eigentlich hätte besser wissen müssen, aber ich kann einfach nicht nein sagen. Ich wußte nicht, daß er ein Killer ist.«

»Hör mal, Tony. Es tut mir wirklich leid, aber Bernie kann doch nicht wissen, welches Eichhörnchen dir aus der Hand frißt und welches wild ist. Du kannst dir doch ein neues Eichhörnchen als Haustier zulegen.«

Tony brummt ein bißchen vor sich hin, dann wechselt er das Thema. »Dein Mann, wann wird der denn endlich mal meine Fernsehantenne auf dem Dach installieren?«

»Ich sag's ihm noch mal.«

*

Mark wirft den Sportteil der Sonntagszeitung auf den Boden, geht in die Küche und holt sich noch eine Tasse Kaffee. »Diese dumme Kuh hat immer noch nicht kapiert, daß Baseball ein Sport für Männer ist.«

Berechtigte Empörung brodelt in meinem Bauch wie heiße Lava, und ich schnappe mir das Blatt. Ich entdecke gleich, über was er sich so aufregt: einen Artikel, in dem eine spezielle architektonische Besonderheit des Fenway Park Stadions dafür verantwortlich gemacht wird, daß die Red

Sox die World Series nicht gewinnen können. Geschrieben hat den Artikel Penny Baker. Daneben ist das Bild einer hübschen Frau abgedruckt, die ungefähr in meinem Alter sein dürfte und die mir irgendwie bekannt vorkommt. Ich brauche einen Moment, dann fällt mir ein, wo ich sie schon einmal gesehen habe: auf O'Neals Foto. Sie ist die Frau, die neben dem leeren Swimmingpool aus Stein liegt.

»Kennst du die Frau?« frage ich. Mark hat ein paar Jahre in den Minor Leagues gespielt. Während der Zeit hat er viele Leute kennengelernt, die etwas mit Baseball zu tun haben, auch Leute von der Zeitung.

»Klar. Sie ist eines von diesen geltungssüchtigen Weibern, die glauben, daß weibliche Reporter den gleichen Zugang zu den Spielern haben sollten wie männliche.«

Damit meint er, daß Penny Baker die Ansicht vertritt, das klassische Interview nach dem Spiel in der Umkleidekabine benachteilige Reporterinnen und hätte nur den einen Zweck, daß die Jungs unter sich und Frauen außen vor bleiben. Zufälligerweise bin ich in dieser Sache ganz ihrer Meinung. Mark ist Steinbock, mit dem typischen, ausgeprägten Hang zur Tradition. Er glaubt, daß man alles so machen soll, wie es schon immer gemacht wurde. Ich glaube, daß ein fester Tritt in den Hintern dem Status quo keineswegs schaden würde. Das ist eines der vielen Dinge, wo unsere Überzeugungen weit auseinanderliegen. Hätte ich vor unserer Heirat schon mehr über Astrologie gewußt, dann hätte ich es mir vielleicht noch einmal überlegt, ob ich mich mit jemandem zusammentun soll, der so anders ist als ich. In allen Büchern steht, daß Widder und Steinböcke inkompatible Zeichen sind. Aber natürlich blühen Widder bei Streitereien auf, und ich würde mich wahrscheinlich zu Tode langweilen, wenn wir immer miteinander auskommen würden.

Was mich aber eigentlich interessiert, ist die Frage, warum diese Sportreporterin für O'Neal Modell stand. »Was weißt du denn sonst noch über sie?«

»Sie ist nicht dumm, eigensinnig, kennt sich aus mit Baseball – ein bißchen so wie du, Jessie«, sagt er. »War mit irgendeinem reichen Kerl verheiratet, der um einiges älter als sie war. Als ich das letzte Mal etwas von ihr gehört habe, da ist sie gerade mit einem Typen aus dem Stall der Dodgers durchgebrannt.«

»Vielleicht hatte sie die Winter in Boston nicht mehr ausgehalten«, vermute ich, nachdem ich schnell zwei und zwei zusammengezählt habe. Die Sache ist ziemlich eindeutig, und ich frage mich, wie Penny Baker wohl zu Blumen steht.

*

Im Juni redet alles nur noch vom drohenden Baseball-Streik. Besorgte Fans hoffen immer noch, daß die Eigner und die Spieler in letzter Minute eine Einigung erzielen – in der langen und schillernden Geschichte des Baseballs hat es noch nie einen Streik mitten in der Saison gegeben.

»Ein Sommer ohne Baseball ist wie ein Sommer ohne Sonne«, jammert Mark. »Das können sie mir doch nicht antun.«

Wie jeder Fan in Boston nimmt er die ganze Sache persönlich.

»Man kann es auch so sehen«, sage ich und versuche, die Sache optimistisch anzugehen. »Die Sox sind auf dem fünften Platz. Vielleicht nutzen sie die Unterbrechung, raufen sich noch einmal zusammen und spielen den Rest der Saison um so stärker.«

Es ist komisch, aber die Fans nehmen es den Spielern übel, daß sie ein größeres Stück vom Kuchen wollen. Niemand beschuldigt die Eigner, die sich immer noch aufführen wie sklavenhaltende Großgrundbesitzer und die totale Kontrolle wollen. Es ist ein deutliches Zeichen, in welche Richtung sich die Zeiten verändern. Am Ende der Achtziger werden wir nicht mehr verstehen, warum obdachlose Vietnamveteranen heroinsüchtig werden, und Kindern, die von der Sozialhilfe leben, werden wir vorwerfen, daß sie überhaupt zur Welt gekommen sind.

*

Wir wußten alle, daß es im Rahmen des Möglichen lag, aber trotzdem fühlt es sich ein bißchen so an, als sei ein Mensch gestorben, der einem nahestand. Man versucht, sich darauf vorzubereiten, aber als es soweit ist, kommt es wie ein Schock, und man weiß nicht, wie man die entstandene Leere füllen soll.

Es gibt keine Spiele mehr, um die man wetten kann. Am zwölften Juni, dem ersten Tag des Streiks, wetten Charlie und ich, wann der Streik aufhören wird. Aber als er sich viel länger hinzieht, als wir erwartet hätten, bringen wir es einfach nicht übers Herz, noch einmal zu wetten.

»Im Grunde geht es bei dem Streik nur um Habgier«, murrt Charlie. »Millionenschwere Sportler, die ihr Glück nicht zu schätzen wissen, und fette Klubbesitzer, die alles bis zum Letzten absahnen wollen.«

*

Das Verhältnis zwischen Mark und mir ist in diesen Tagen nicht besonders gut. Wir haben diese entmutigende, rastlose Phase in unserer Ehe erreicht, wenn man sich damit abgefunden hat, daß man den anderen nicht so verändern kann, daß er dem eigenen romantischen Ideal entspricht. Aber wir haben noch nicht gelernt, den anderen so zu akzeptieren, wie er ist.

Der Streik macht die Sache nur noch schlimmer. Ohne Baseball bleibt uns nicht viel, über das wir uns unterhalten können. Wenn wir miteinander reden, endet es zwangsläufig im Streit. Ich verstehe nicht, woher diese Auseinandersetzungen kommen, oder warum sie immer zu einem wüsten Flächenbrand ausarten – es kommt mir so vor, als hätten sie ein Eigenleben.

Eines Abends vergesse ich, Mark anzurufen und ihm Bescheid zu geben, daß ich länger arbeite. Als ich schließlich heimkomme, steht er am Herd und rührt so angestrengt in einem Topf Spaghettisoße wie Macbeth' Hexen in ihren Zauberkesseln. Sein Gesichtsausdruck verrät mir, daß »sollst zuerst im Kessel schmoren« sicher mein Schicksal ist.

»Wo steckst du denn?«

Seine Stimme klingt mißtrauisch und anklagend, und obwohl ich genau weiß, daß ich im Unrecht bin, gehe ich in die Luft wie ein Kampfhahn.

»Ich hab mir meinen Lebensunterhalt verdient«, schnauze ich zurück, und mein aufbrausendes Widder-Temperament bricht durch.

»Und, war etwas mit dem Telefon?«

»Okay, ich hätte anrufen sollen. Wir hatten unglaublich viel zu tun, und ich habe einfach die Zeit vergessen. Du brauchst mich deswegen nicht gleich so anzufahren!«

»Ich halte das Abendessen schon seit einer Stunde warm.«

»Was soll denn das heißen? Das ist doch Spaghettisoße aus dem Glas.«

Ich sehe gerade noch rechtzeitig, wie der Topf auf mich zukommt, und ducke mich. Die Spaghettisoße spritzt wie Blut an die Küchenwand. Wenn Mark mich wirklich hätte treffen wollen, dann hätte er mich getroffen. Immerhin war er Pitcher in der Minor League, und aus einer Entfernung von zwanzig Metern trifft er immer noch, auch wenn das Ziel gerade mal die Größe einer Dessertschale hat.

Ich knalle die Haustür hinter mir zu und esse im Imbiß unten an der Straße. Dann gehe ich ins Kino. Als ich heimkomme, ist Mark schon im Bett und tut so, als ob er schläft. Ich verbringe die Nacht auf der Wohnzimmercouch.

*

Widder halten Langeweile nicht lange aus, und an einem ruhigen Nachmittag rufe ich die Sportredaktion der Zeitung an und erkundige mich nach Penny Baker. Ein Mann mit Grabesstimme ist am Apparat, er hustet zweimal, ohne die Hand über den Hörer zu legen.

»Ich habe ihre Artikel immer sehr gerne gelesen, aber in letzter Zeit kam nichts mehr von ihr in der Zeitung«, erkläre ich ihm. »Ist sie in Urlaub?«

»Ich habe schon 'ne Weile nichts mehr von ihr gehört. Den letzten Redaktionsschluß hat sie auch verpaßt.«

Ich bedanke mich und lege auf, dann rufe ich die Auskunft an und lasse mir die Nummer der *Los Angeles Times* geben. Vielleicht berichtet sie jetzt über die Dodgers. Bevor ich die Nummer an der Westküste wählen kann, geht die Tür des Flower Child Garden Shops auf, die indonesischen Glocken klingeln, und mein Boß kommt herein. Ich frage mich oft, ob sich die Dinge wohl anders entwickelt hätten, wenn ich diesen Anruf nach L. A. gemacht hätte. Nicht für Penny Baker, aber für mich.

»Hallo, Jess«, sagt Charlie und winkt mit der Zeitung, die er in der Hand hält. »Hast du heute dein Horoskop schon gelesen?«

»Hab ich dir doch gesagt, daß ich den Blödsinn nie lese.«

»Stimmt, stimmt. Aber hör dir das mal an: ›Graben Sie weiter, und Ihre Bemühungen werden sich auszahlen.‹ Schöner hätte ich es auch nicht formulieren können.«

»Was soll das denn heißen?«

»Erinnerst du dich an die Rosen, die du ausgraben und

zu diesem neuen Kunden in Newton rüberbringen sollst?« Charlie wirft einen Blick auf seine Armbanduhr. »Wenn du es bis heute abend schaffst, kannst du deinen Job behalten.«

*

An diesem Nachmittag pflanze ich Lilien in O'Neals Garten. Sechs verschiedene Sorten, jeweils drei Pflanzen. Es sind spektakuläre Hybridzüchtungen, für die ich bis nach Cape Ann gefahren bin. Dort habe ich sie bei einer Züchterin gekauft, die über vierhundert verschiedene Sorten von Lilien in ihrem Garten hat.

Als ich sie in den Boden setze, spüre ich ein Prickeln in meinem Nacken, und ich schaue hoch. O'Neal steht da und macht ein Foto von mir. Weil ich ihn ertappt habe, lächelt er mich auf seine bezaubernde, unschuldige Art an, was wohl ausdrücken soll, daß er mir nicht zu nahe treten wollte. Trotzdem fühle ich mich überrumpelt; er hätte mich wenigstens um Erlaubnis fragen können. Wahrscheinlich sollte ich mich geschmeichelt fühlen – er ist immerhin ein verdammt guter Fotograf. Vielleicht gehe ich in die Geschichte ein, wie die zerlumpte Frau auf Walker Evans berühmter Aufnahme oder das nackte vietnamesische Mädchen mit Napalmverbrennungen auf der Haut. Falls ich je ein Buch übers Gärtnern schreibe, kann ich sein Foto als Buchcover verwenden.

An diesem Abend empfängt mich Mark schon an der Tür. Seit Gesicht ist aschfahl.

»Was ist los?« frage ich. »Du siehst aus, als wäre dir schlecht.«

»Tony ist tot.«

»Wenn ich's mir recht überlege, dann habe ich ihn in den letzten Tagen überhaupt nicht gesehen. Was ist denn passiert?«

»Ich habe ihn gerade in seiner Wohnung gefunden, als ich runterging und die Miete zahlen wollte«, fährt Mark fort. »Auf der Toilette.«

»Willst du damit sagen, daß er beim Scheißen gestorben ist?«

»Sieht so aus. Er hatte wahrscheinlich einen Herzinfarkt. Er sah nicht gerade aus wie das blühende Leben, stimmt's?«

Ich lasse mich in einen gepolsterten Sessel fallen und versuche es mir vorzustellen, aber allein bei dem Gedanken wird mir so schlecht, wie Mark aussieht. »Ich hoffe sehr, daß ich mir, wenn es bei mir so weit ist, einen würdigeren Abgang organisieren kann.«

»Ich hab die Bullen angerufen. Sie müssen jeden Moment kommen.« Er öffnet die Haustür, lehnt sich gegen den Türpfosten und hält nach dem schwarzweißen Streifenwagen Ausschau. »Er ist gestorben und hat nie erleben dürfen, daß die Sox die World Series gewinnen.«

»Uns wird es wahrscheinlich nicht besser ergehen«, erwidere ich. Wenigstens mußt du jetzt die Fernsehantenne nicht mehr auf dem Dach installieren.«

*

Nach neunundvierzig trostlosen Tagen ist der Streik zu Ende. Ironischerweise beginnt die »zweite Saison«, wie die Leute sagen, ziemlich genauso wie die erste: Die Red Sox spielen gegen Chicago. Wieder schlägt Eckersley, und wieder einmal verliert Boston. Es ist kein schönes Spiel. Im ersten Inning trifft Eckersley aus Versehen Carlton Fisk, der am Schlag ist. Insgesamt fünfmal kriegt der Pitcher nicht mit, daß Spieler der White Sox eine Base vorziehen. Sie erreichen die nächste Base, ohne daß er oder der Catcher etwas dagegen unternehmen. Die Red Sox schlagen zehn Hits, aber sie kriegen nur einen einzigen Spieler durch und lassen elf weitere auf den Bases hängen.

In dieser Nacht gehe ich mit O'Neal ins Bett. Es passiert auf meine Initiative. Obwohl er schon seit dem Eröffnungstag davon träumt, hätte er nie den ersten Schritt getan. Im Radio auf dem Nachttisch wird das Spiel übertragen, und wir lassen es laufen, weniger, damit wir mitkriegen, was passiert, sondern damit ich weiß, wann ich Mark zu Hause erwarten kann.

Warum ich es gemacht habe? Sicher nicht aus Leidenschaft. Ich könnte sagen, weil meine Ehe einer zerbrochenen Vase gleicht, die schlecht wieder zusammengeklebt wurde, und weil ich jetzt immer, wenn ich sie anschaue, nur die Sprünge sehe. Aber in Wirklichkeit war es das typische Verhalten eines Menschen, der wie ich zur Zeit unter dem Einfluß des rückläufigen Saturn steht. Es ist immer eine schmerzhafte Phase im Leben, wenn Saturn das gesamte Geburtshoroskop einmal durchlaufen hat und wieder zu der Position zurückkehrt, an der er zum Zeitpunkt deiner Geburt stand. Mit neunundzwanzig habe ich Angst vor dem Älterwerden. Vor kurzem habe ich die ersten grauen Haare, die ersten Fältchen entdeckt. Ich brauche die Bestätigung, daß mich Männer immer noch attraktiv finden, obwohl ich mich wegen dieser kleinlichen Eitelkeit zutiefst schäme und genau weiß, daß ich voll und ganz den Kult von jugendlicher Schönheit verinnerlicht habe, wie er auf der Madison Avenue zelebriert wird.

*

Ich bin Marks sehnigen, harten Körper gewohnt; das weiche, wabbelige Fleisch von O'Neal überrascht mich. Ähnlich überraschend ist die zögerliche, bewundernde Art, wie er mich berührt, als sei ich eine Gardenie, deren Blütenblätter schon durch die Hitze seiner Fingerspitzen verwelken würden.

Eigenartigerweise ist es ein beruhigendes Gefühl, daß ich keine Begierde verspüre. O'Neal nimmt mich in die Arme, und ich fühle mich warm und geborgen, als ob ich in ein weiches Federbett sinke. Seine Begierde ist allerdings offensichtlich. Es macht ihn an, wenn er mich anbeten kann. Er kniet vor mir auf dem Boden und küßt mir die Füße. Er fährt mir mit einer Bürste an die hundert Mal geduldig über das Haar, er reibt meinen Körper mit Öl ein.

Am liebsten fotografiert er mich. Ich tue so, als sei ich die Muse eines berühmten Künstlers, spiele die Venus, und er ist Botticelli, nehme Haltungen ein, an die ich mich jetzt nur errötend erinnere. Ich bin nicht der Typ für schwarze Spitze und Seidenstrümpfe – ich muß die feine Reizwäsche anziehen, die seine Frau bei ihrem Auszug in einem Schrank voller teurer Designerklamotten zurückgelassen hat, weil ich selbst nur baumwollene Jockey-Unterhosen besitze –, aber O'Neals Fotos verwandeln mich in eine heißblütige Hexe. Abgesehen von meinen kleinen Brüsten könnte ich ohne weiteres als Modell für *Victoria's Secret* durchgehen.

Mir gefällt, wie es ihn erregt, wenn er mich durch die Kameralinse anstarrt. Manchmal erlaube ich es ihm nicht, mich zu berühren: Er darf mich nur anschauen. Wie die Mauer im Fenway Park Stadion kann ich ihm alles geben oder nehmen.

*

Unsere Affäre zieht sich bis in die Chrysanthemen-Zeit. Inzwischen hängen Fotos von mir an allen Wänden in O'Neals Haus. Exotische Hochglanzaufnahmen, lüsterne, beunruhigend provozierende Bilder. Die Fotos von Penny Baker sind schon lange verschwunden.

Eines Tages komme ich und will die Rosen zurückschneiden, da trägt er mich ins Schlafzimmer und verteilt die roten Blütenblätter auf den Laken. Für ihn ist es eine romantische Geste, aber mich erinnern sie an jungfräuliches Blut, und ich stoße ihn unsanft von mir weg. Ich genieße den enttäuschten Ausdruck in seinem Gesicht und meine Macht, ihn zu verletzen. Macht, heißt es, ist das stärkste Aphrodisiakum – besonders, wenn man seit dreitausend Jahren machtlos war.

Ich bin keine jungfräuliche Nymphe mehr, kein zauberhaftes und hilfloses Spielzeug. Ich habe aufgehört, eines von Maxfield Parrishs Mädchen mit den taufeuchten Augen zu spielen und bin Manets hochmütige Hure Olympia geworden.

*

Ich könnte sagen, die Planeten hätten sich gegen mich verschworen, und hätte damit nicht einmal ganz unrecht. Selbst eine ganz unerfahrene Astrologin braucht sich nur mein Horoskop anschauen und wird stürmisches Wetter vorhersagen. Bei mir steht Pluto, der Zerstörer, im Quadrat zu Venus, dem Planeten der Beziehungen, also war klar, daß ich in meinem Liebesleben ein paar Rückschläge würde einstecken müssen – nur wußte ich nicht, wie hart mich diese Schläge treffen würden.

Am sechsundzwanzigsten September begehe ich den Kardinalfehler, der keiner Ehefrau unterlaufen darf, wenn sie eine Affäre hat: Ich vergesse, meiner Freundin Karen auszurichten, daß sie mein Alibi ist.

Als ich am Abend heimkomme, ist die Wohnung dunkel, und ich nehme an, daß Mark ausgegangen ist. Dieser Tage sagt er mir nicht, wohin er geht und wann er wieder heimkommt. Dann höre ich ein Rascheln im Wohnzimmer.

»Jessie?« Seine Stimme ist so leise wie eine Fliege, die gegen einen Vorhang fliegt.

»Hallo, ich dachte, du wärst nicht zu Hause. Warum sitzt du hier im Dunkeln?«

Ich will die Lampe anschalten, aber er hält mich davon ab.

»Nicht. Wo warst du?«

Es liegt etwas Verlorenes in der Art, wie er mich fragt. Das ist nicht der angriffslustige, höhnische Widersacher, an den ich mich gewöhnt habe, nicht einer, der immer auf Streit aus ist. Es ist ein verängstigter Mann, dem etwas sehr nahe geht.

»Ich habe bei Karen angerufen, weil ich dir sagen wollte, daß Nolan Ryan am Pitchen ist und ein no-hitter-Spiel ansteht, falls du es dir anschauen wolltest«, erklärt er. »Sie wußte nicht, wo du bist.«

Diese Art von Neuigkeiten kann man niemandem schonend beibringen, also konfrontiere ich ihn direkt damit. »Ich habe eine Affäre.«

Er schweigt einen Moment, als müsse er sich darüber klarwerden, ob er den Rest hören will, dann fragt er: »Ist es etwas Ernstes?«

Das ist eine gute Frage, eine, an die ich mich bis jetzt nicht herangetraut habe. »Ich liebe ihn nicht, wenn du das meinst.«

»Wirst du dich weiter mit ihm treffen?«

Ich habe mir nie überlegt, was ich mache, wenn es einmal an diesen Punkt kommt. Jetzt wird mit klar, daß ich mit O'Neal nicht weitermachen kann. Ich bin mir nicht sicher, ob ich es überhaupt noch will.

»Nein.«

»Und was passiert mit uns, Jessie?«

»Ich weiß es nicht«, antworte ich ehrlich. Ich weiß es wirklich nicht.

*

Die Astrologen sagen, daß der Vollmond versteckte Dinge ans Licht bringt. An diesem Oktobernachmittag kann ich am östlichen Himmel schon die runde Scheibe erkennen, die geisterhaft bleich im Sternzeichen des Widders hängt, während die Sonne langsam im Westen untergeht. Vielleicht reizt es mich deshalb, tiefer zu graben, als eigentlich nötig wäre, um die Narzissen- und Tulpenzwiebeln zu stecken, die seine Frau vor sechs Monaten herausgerissen hat. Ich grabe immer tiefer, bis die Schaufel auf etwas stößt, das dort nicht sein dürfte.

*

Die Szene in den Elf-Uhr-Nachrichten erinnert mich an das erste Mal, als ich O'Neals Garten sah. Die Blumen sind aus den Beeten gerissen und liegen tot oder welk über dem Rasen verstreut. Auf einer Bahre tragen die Polizisten eine Gestalt weg, die trotz der Plane, die über sie gelegt wurde, viel zu deutlich zu erkennen ist.

Mark nimmt meine Hand und hält sie, offensichtlich in echter Sorge. »Das hättest du sein können«, sagt er.

Die ganze Zeit schon denke ich genau das.

*

Als ich den Haufen Fotografien auf dem Schreibtisch des fetten Bullen sehe, wird mir schlagartig klar: Ich sitze so tief in der Scheiße, daß man mit dem Haufen die Hälfte der Gärten Amerikas düngen könnte. Es braucht keiner besonderen Geistesleistung, um meine Beziehung zu O'Neal richtig einzuschätzen und mich für seine Komplizin zu halten.

»Aber ich habe ihn doch angezeigt«, rufe ich dem Bullen ins Gedächtnis.

»Gewissensbisse. Passiert dauernd.«

Er sieht sich gemächlich die pornografischen Aufnahmen an und hat anscheinend seinen Spaß dabei. Ein Bild wählt er aus, hält es hoch und vergleicht die lüsterne Verführerin auf dem Schwarzweißfoto mit der burschikosen Frau, die vor ihm sitzt.

»Sie sind also Gärtnerin«, sagt er.

Ich nicke. Mir ist das alles so peinlich, daß ich keinen Ton herausbekomme.

»Dann nehme ich an, Sie wissen, daß *aconitum napellus*, gemeinhin bekannt als Eisenhut, Herzversagen auslösen kann.«

»Wollen Sie damit sagen, er hat sie vergiftet?« frage ich ungläubig. Offenbar war O'Neal doch nicht so unbedarft, wie er tat, was Flora und Fauna angeht.

Der fette Bulle hebt die linke Augenbraue. »Er behauptet, Sie wären es gewesen.«

*

In diesem Jahr der Habgier, in diesem Jahrzehnt der Habgier paßt es eigentlich, daß die beiden reichsten Mannschaften mit den höchsten Zuschauerzahlen und den peinlichsten Star-Allüren – New York und Los Angeles – bei dieser verpatzten World Series im Endspiel gegeneinander antreten. Die Red Sox werden Zweite in der »zweiten Saison«. Wie alle Boston-Fans habe ich nicht geglaubt, daß sie gewinnen würden, aber die Hoffnung nie ganz aufgegeben.

Ebenso hoffe ich, daß die Geschworenen mich von der Anklage wegen des Mordes an Penny Baker freisprechen. Mein Anwalt glaubt, daß meine Chancen ziemlich gut stehen, seit die Polizei die Exhumierung der Leiche von O'Neals erster Frau – der reichen – veranlaßt hat. Sie war vor zwölf Jahren gestorben und hat ihm recht viel Geld hinterlassen. Es war bekannt, daß sie an hohem Blutdruck und Herzstörungen litt, deshalb hat niemand Fragen gestellt, als ihr Herz eines Abends zu schlagen aufhörte, kurz nachdem sie einen grünen Salat gegessen hatte, über den zerhackte Eisenhut-Wurzeln gestreut war.

Entgegen meinen Erwartungen hat mir Mark während dieses ganzen Desasters immer zur Seite gestanden, und ich bin ihm dankbar dafür. Steinböcke sind bekannt für ihre Treue und Zuverlässigkeit, sie meistern harte Zeiten, ohne mit der Wimper zu zucken. Ich weiß, ich wäre nicht so standhaft, wenn er in meiner Situation wäre. Charlie dagegen hat mich sofort gefeuert, als die Story in die Nachrichten kam. Ich kann es ihm nicht einmal vorwerfen. Sogar wenn ich freigesprochen werde, muß ich mir wahrscheinlich eine neue Berufung suchen. Vielleicht könnte ich als Astrologin arbeiten. In der Nacht kann ich die Sterne nicht mehr sehen, aber in den letzten Monaten habe ich viele Bücher über Astrologie gelesen, und ich werde ziemlich gut bei den Horoskopdeutungen für meine Mitinsassen. Die meisten von ihnen wären nicht hier, wenn sie sich die Männer in ihrem Leben mit größerer Sorgfalt ausgesucht hätten.

Für den Tag, an dem mein Prozeß beginnt, sind die astrologischen Vorzeichen vielversprechend: Jupiter in meinem neunten Haus deutet auf Glück in rechtlichen Dingen, dazu kommen günstige Einflüsse von der Sonne, und Venus wird mir helfen, daß ich vor den zwölf Menschen, die über mein Schicksal entscheiden, eine positive Figur abgebe. Nachdem man mich wie einen Fußball herumgekickt hat, ist der Himmel mir jetzt vielleicht freundlich gesonnen und läßt mich am Eröffnungstag der Baseball-Saison im Fenway Park Stadion sitzen, und nicht in dieser Gefängniszelle.

Aus dem Amerikanischen von Lisa Kuppler

Richard Wagner

Der letzte Kommentar

20. April

Ich sitze. Seit vorgestern. Und ich kann nicht einmal behaupten, daß ich die Welt nicht mehr verstehe. Es ist vielmehr umgekehrt. Seit gestern beginne ich zu verstehen, was ich einen Monat lang nicht begriffen habe.

Einen Monat lang ist Mars über mir gewesen. Überall. Einen ganzen Monat lang führte Mars Krieg gegen mich, ohne daß ich es merkte. Ich spielte ahnungslos mit dem Feuer. Ich war der Inbegriff der Ahnungslosigkeit. Ich war blind, sie war blond.

21. März

Mein fataler Tag. Wer hätte das gedacht. Dabei war mein Horoskop völlig harmlos. Jedenfalls kündete es von keinerlei Gefahr.

Ich schrieb seit einem Jahr Kommentare für einen kleinen Radiosender in unserer Stadt. Nichts Besonderes, dazu schlecht bezahlt. Wie alles, was ich seit einer Weile machte: nichts Besonderes und schlecht bezahlt. Ich habe zu dem Thema sogar ein Gedicht verfaßt. Keine Sorge, ich erspare es uns hiermit.

Mir war klar, so ging's nicht weiter. Irgendwie mußte ich aus dieser Situation herauskommen. Aber warum mußte es eine Frau sein, mit deren Hilfe ich da raus sollte? Und dann noch diese Frau!

Sie war mir bereits vor zwei Monaten aufgefallen. Sie war die Neue. Eine von den Redakteurinnen, die für den Kommentar verantwortlich waren.

Zwei Monate lang hatte ich nichts unternommen, ich Glückspilz hatte alle günstigen Augenblicke verpaßt. Ich hatte genauestens mein Horoskop befolgt. An diesem Märztag aber, an diesem Frühlingsanfang, an diesem Vivalditag, tat ich den Schritt, den ich bereue wie kaum sonst was in meinem liederlichen Leben.

Ich sprach sie wegen eines Dates an. Kaffeetrinken wollte ich mit ihr. Das Dämlichste, was einem Mann einfallen kann. Aber es wirkt ja regelmäßig. Ihr Blick aus den grünen Augen war zuerst erstaunt, dann nickte sie und murmelte etwas von wenig Zeit, und ich sagte, sie könne es sich ja überlegen, mich dann anrufen, sagte ich, und damit waren wir beide heil raus aus der Situation. Mit der Zeit wird man ohnehin Meister im Überbrücken von Peinlichkeiten. Es sind die kleinen Tricks, die das Leben erträglich machen.

24. März

Ich konnte Däumchen drehen, zwei Tage lang. Oder Kleeblätter abreißen, und Abzählreime vor mich hersagen, was für ein Kind ich doch war. Zwei Tage lang passierte nichts. Und es passierte auch sonst nichts in meinem Leben. Mein Horoskop war in diesen Tagen in Gefühlsangelegenheiten völlig unbrauchbar gewesen. Es gab buchstäblich nichts her. Nicht den winzigsten Anhaltspunkt. Statt dessen versprach es mir Geld und Aufstiegschancen und ähnliche schöne kapitalistische Errungenschaften, die mich in meiner Gefühlsverwirrung kaltließen. Mich interessierte nichts außer ihrem Anruf.

Ich war außerstande, die Wohnung zu verlassen. Ich hätte ja ihren Anruf verpassen können. Ich lag lahm auf dem Sofa und stierte in einen Fernseher ohne Ton. Das Telefon griffbereit. Ab und zu vergewisserte ich mich, daß es tatsächlich einen Ton hatte. Ich traute der Telekom ja zu, daß sie mir den Ton abschalteten, nur um mich um mein Glück zu bringen. Ach, hätten sie es doch getan! Sie taten es nicht.

Wenn ich ins Bad mußte, ließ ich die Tür offenstehen, nur um das Klingelzeichen nicht zu überhören. Ging das Telefon tatsächlich mal, stürzte ich mich sofort darauf, und die Stimmen am anderen Ende der Leitung machten jedesmal die Bemerkung: Du sitzt ja neben dem Telefon. Sie sagten es, als wäre es ein Vorwurf, aber ich ging nicht darauf ein. Es war mir egal, was sie sagten. Ich führte maulfaul irgendwelche Gespräche, an die ich mich gar nicht mehr erinnerte, sobald ich aufgelegt hatte. Ich erinnerte mich an nichts mehr. Ich war pure Gegenwart, und diese pure Gegenwart verlangte nach der Stimme von Inga.

Und dann war sie wirklich dran. Inga.

Fast hätte ich »endlich« ausgerufen, ich konnte es grade noch unterdrücken, aber etwas hatte sie dann doch gemerkt.

Störe ich, fragte sie und lachte.

Guter Witz, dachte ich mir. Ich hatte schon zwei Punkte minus, und das Gespräch hatte noch gar nicht begonnen. Ich riskierte, als der dämlichste Mensch auf der Welt zu erscheinen.

Reiß dich zusammen, sagte ich mir und legte dabei die Hand auf die Telefonmuschel, damit sie nicht mithören konnte, was ich dachte.

Hat es dir die Sprache verschlagen, oder möchtest du immer noch zu einem Kaffee kommen?

Beides, sagte ich. In solchen Situationen ist die Flucht nach vorn stets das Beste.

Ihr Lachen verriet Zustimmung.

Hast du heute abend Zeit, fragte sie, es könnte auch ein Wein statt eines Kaffees sein.

Ich nickte, aber das konnte sie ja nicht sehen, und dann sagte ich ja. Zweimal sagte ich ja. Ich war der dämlichste Mann der Welt.

Kennst du den *Roten Mohn*, fragte sie.

Ja, klar, sagte ich.

Um neun, fragte sie.

Um neun.

Sie legte auf, bevor ich noch was sagen konnte.

Der *Rote Mohn* war eine Bar in der Stadtmitte, im Niemandsland zwischen Ost und West, ein Treffpunkt der Thirtysomethings, die sich als die Besitzer der neunziger Jahre fühlten, und mit der jüngsten Vergangenheit, die die Stadt immer noch beherrschte, nichts am Hut hatten. Sie waren wie ohne Lebenslauf. Ohne gestern. Alles war jetzt. Sie lebten intensiv, wie sie es nannten. Als wüßten ihre Körper bereits von der Endlichkeit, fieberten sie dem Abenteuer entgegen, das gleichzeitig immer noch etwas von der Unmittelbarkeit ihrer Jugend hatte.

Ein solches Lokal war das. Ich würde an dem Abend bestimmt das Durchschnittsalter im Raum erhöhen, aber das beschäftigte mich nicht. Es war mir egal. Ich war fünfundvierzig, aber ich hatte mein Alter nie als Anlaß zur Entmutigung gesehen.

Ich war also pünktlich da. Die Bar war verwinkelt und verdunkelt, in einer Weise, die die Intimität in der Gemeinschaft unauffällig möglich machte. Man stand hier nicht unter Beobachtung. Keiner wird sich morgen hier an mich erinnern, dachte ich mir, ohne etwas Bestimmtes damit zu verbinden.

Mir kam der Ort wie eine raffinierte Kombination von einzelnen Nischen vor. Ich setzte mich in eine, bestellte ein Glas Orvieto und wartete. Es vergingen keine zehn Minuten, und plötzlich legte sich eine schmale Hand auf meine Schulter. Ich drehte mich um und blickte in ihr lächelndes Gesicht. Es war kein strahlendes Gesicht, aber es war ein überwältigendes Lächeln darin. Und doch war etwas hinter diesem Lächeln. Für einen Augenblick war es mir, als sei da noch etwas dahinter, aber ich dachte nicht weiter daran. Ich wollte und konnte nicht weiter daran denken, es war ja unsere erste Verabredung, und ich war froh.

Nette Ecke, sagte sie.

Sie setzte sich mir gegenüber, und einen Augenblick lang dachte ich mir, sie ist zu nah. Du Esel, dachte ich mir, sie ist gerade nah genug, für später, für einen Versuch, dachte ich mir.

Du bist so nachdenklich, sagte sie, womit habe ich das verdient?

25. März

Es war so gegen zwei, und wir saßen immer noch im *Roten Mohn.* Ich hatte schon mal ihre Hand genommen, und dann hatte ich sie auf den Hals geküßt. Aber das zählte alles nicht.

Irgendwann blickte sie mich streng an und sagte: Ich muß jetzt nach Hause. Sonst bin ich nicht da, wenn mein Mann aufwacht.

Von einem Mann hatte sie bis dahin nichts erwähnt, trotzdem warf mich die Bemerkung nicht aus der Bahn. Mann hin, Mann her. Aber irgendwie paßte es nicht zu ihr. Dieser Ausdruck »mein Mann« wollte so gar nicht zu ihr passen. Was solls, dachte ich mir. Es war zu spät zum Denken.

Wir verließen die Bar.

Inga winkte ein Taxi heran. Sie hielt meine Hand, bis sie ins Taxi stieg. Bis bald, rief sie, bevor sie die Wagentür zuzog, und dann war sie weg, und ich stand mitten in der Nacht in der Stadtmitte allein auf der Straße. Ich stand völlig sinnlos da. Über mir die Sterne.

26. März

Später, bei mir zu Hause, war ich in einen tiefen Schlaf gefallen. Ich weiß noch, daß ich 'ne Menge Horror zusammenträumte, und ich bin wirklich kein Fan von Horror. Irgendwann war ich wach und wußte, aus diesem Tag wird nichts mehr. Seine Aufgabe war zu vergehen. Und er verging. Die dazugehörige Nacht auch. An diese Nacht habe ich keine Erinnerung.

Ich stand ziemlich früh auf, duschte, zog mich an. Machte mich gewohnheitsmäßig ans Schreiben. Eine Glosse für eine der Münchner Zeitungen. Für die Berlin-Seite. Ich schrieb über ein Gartenlokal in Treptow, einem ehemaligen Ostbezirk, aber die Pointe wollte sich nicht finden. Je länger der Text wurde, desto weniger Aussichten bestanden auf einen guten Schluß.

Gegen Mittag gab ich auf. Ich rief Inga an. In der Redaktion.

Na du, sagte sie.

Na ich.

In ihre Stimme war milde Ironie eingewebt. Die unwiderstehliche milde Ironie der dreißigjährigen Frauen. Diese herrlichen Janusköpfe. Verführerinnen, aber mit keinem richtigen Traum mehr. Zauberhaft, aber mit einem Interesse, das sie bestens zu verbergen wissen. Sie kommen leichtfüßig daher, und sie blicken dich an, wie ein Spielzeug. Du kannst sie mit keinem Horoskop fassen. Als hätten sie tausend Aszendenten, als wären sie das schöne Zentrum davon.

Mir war nicht zu helfen. Ich war zu allem bereit. Zu jeder Schandtat des Herzens und des Kopfes.

Sehen wir uns, fragte ich.

Klar, sagte sie, wann möchtest du denn?

Heute abend, wenns geht.

Es geht. Einundzwanzig Uhr, *Roter Mohn*. Ich muß jetzt arbeiten.

Sie hatte Redaktionstag. Zwei- bis dreimal im Monat hatte sie Redaktion. Sie arbeitete frei. Wovon sie lebte, war mir unklar. Vom Journalismus allein jedenfalls nicht. Mit diesem Hungertuch kannte ich mich aus wie kaum ein anderer. Aber sie hatte ja den Mann erwähnt. Vielleicht besaß der das große Geld. Könnte ja sein. Ich werd's rechtzeitig erfahren, dachte ich mir.

Es war Viertel vor neun, als ich im *Roten Mohn* ankam. Es war alles genau wie vorgestern. Ich saß an derselben Stelle, hatte mich wieder in meiner Nischenvorstellung eingerichtet.

Und dann war sie auch schon da.

Wir küßten uns und redeten anschließend über Gott und die Welt. Aber diesmal schien das Gespräch schon bald nur ein Vorwand zu sein, eine kaum verschleierte Einleitung zu etwas ganz anderem.

Ich spürte es, und sie spürte es. Es schien sie auch nicht weiter zu stören. Ihre Hand war plötzlich unter der Tischplatte und strich mir über die Hose. Überflüssig zu sagen, daß ich elektrisiert war.

Sie sah mich mit einem untergründigen Lächeln an und fragte: Gehen wir?

Zu dir oder zu mir, fragte ich naiv.

Willst du meinen Mann kennenlernen?

Wir lachten laut auf, wie um eine Verlegenheit zu überspielen.

Draußen nahmen wir ein Taxi und fuhren zu mir nach Charlottenburg. Im Taxi berührten wir uns nicht. Als sollte der schweigsame Fahrer keinen Verdacht schöpfen.

In meiner Wohnung angekommen, legte ich eine CD auf: Charlie Mariano. Inga verschwand ins Bad. Ich wußte nicht, ob sie Jazz mochte, deshalb fing ich mit dem Jazzer als Klassikeinspieler an: Adagio. Albinoni.

Ich zündete Kerzenlicht an, brachte den Sekt in Stellung.

Wir waren Umrisse und hatten doch Gesichter. Wir waren aus Haut. Haut spannte sich um uns herum. Haut, die zu verletzen war. Wir hatten Flüsterstimmen und einen schnellen Atem.

So verging die Nacht.

Als ich am Morgen erwachte, war es hell, und der Platz neben mir im Bett war leer. Auf dem Küchentisch lag eine Morgenzeitung. Auf dem Zeitungsrand, über den Schlagzeilen, stand in kleiner, zierlicher Schrift: Verzeih! Mein Horoskop sagt mir, ich muß gehen. Inga.

Verdammt, dachte ich mir, da reden wir stundenlang und alles nur für die Haut, und dann stellt sich heraus, ich habe sie nicht einmal nach ihrem Sternzeichen gefragt. Welch eine Unvorsichtigkeit! Da schlafe ich mit einer Frau, ohne sie nach ihrem Sternzeichen zu fragen. So weit war es mit mir gekommen.

Ich muß sie unbedingt fragen, sagte ich mir. Dabei fiel mir siedendheiß ein, daß ich ja keine Privatnummer von ihr hatte. Ich wußte gar nicht, wo sie wohnt. Prenzlauer Berg, hatte sie einmal gesagt. Die Schönhauser Allee erwähnt. Das war aber auch alles und damit herzlich wenig. Ich zermarterte mein Gedächtnis nach weiteren Anhaltspunkten aus ihrem Alltag, aber da war sonst nichts. Das hat man davon, wenn man über Gott und die Welt redet, um die Haut zu erwerben, und dabei vergißt, schlicht und einfach nach der Telefonnummer zu fragen.

29. März

Was blieb mir anderes übrig, als zu warten. Ich ging meiner Arbeit nach, so gut ich konnte. Aber in meinem Magen war ein leeres Viereck und in meinem Kopf auch. Es war das schwarze Quadrat von Malewitsch. Nichts kam um dieses Quadrat herum.

So vergingen zwei Tage. Zwei ganze Tage. Frauen können hart sein. Vielleicht wollte sie auch sehen, ob es mir gelang, sie zu finden. Vielleicht sollte es eine Gefühlsprobe sein. Bei Frauen weiß man's nie. Und schon längst nicht bei den Dreißigjährigen.

Ich gab mir eine Frist von einem Tag, ich Feigling. Dann wollte ich zwecks Liebesbeweis unverzüglich mit der Adressenermittlung beginnen.

Doch sie kam mir zuvor.

Warum auch immer, an diesem dritten Tag rief sie an.

Sehnst du dich nach mir, fragte sie ohne jede Einleitung.

Und wie, entfuhr es mir.

Ich hatte mich dieser Frau ausgeliefert.

Auf heute abend, sagte sie und legte auf.

Viertel vor neun saß ich im *Roten Mohn*. Hörte den verhaltenen Mambo. Jenes Klopfen gegen den Rhythmus der Zeit. Unauffällig und unabweisbar zugleich.

Dann war auch Inga da, und ich sah nur noch sie, hörte nur noch ihre Stimme. Als hätte sie den Mambo gesungen, geklopft. Ihre Stimme war den ganzen Abend in meinem Kopf.

Gegen Mitternacht fuhren wir zu mir ins tote Charlottenburg, in die Schloßstraßennachbarschaft. Kinder und Boule am Tag und nachts der Schatten der Autos. Verkehrsberuhigung, die Vorstufe zum Lebensabend.

Inga blieb. Sie war auch am Morgen noch da. Ich hatte die Brötchen geholt, die guten.

Sie saß vor einer großen Schale Tee, die Beine angezogen. Das machte sie jung. Tee, dachte ich mir und war erleichtert. Frauen, die Milchkaffee tranken, vertrug ich schlecht. Ich konnte diesen aufgeschäumten Milchkaffee in den großen Schalen einfach nicht sehen. Die mit dem Milchkaffee, das waren in meinen Augen die Mutterkühe. Jene mit dem Tee die Engel. Ich hatte da so meine Theorie. Meine Mittvierziger-Theorie. Ich hatte wieder einmal einen Engel gefunden. Ich war zufrieden.

Aber dann klingelte es in ihrer Handtasche.

Sie blickte mich kurz an, griff in die Tasche, wühlte darin herum, fischte schließlich das Handy heraus.

Ja, sagte sie anstatt ihres Namens.

Ja, sagte sie noch einmal.

Ich komme, fügte sie hinzu.

Sie legte das Handy zurück in die Tasche, trank einen Schluck Tee, sah mich an, zuckte die Achseln.

Mein Mann, sagte sie.

Jetzt kriege ich Prügel wegen dir. Sie lächelte.

Sie ging.

Ich rufe dich an, hörte ich ihre Stimme aus dem Flur sagen.

31. März

An jenem Tag hörte ich nichts mehr von ihr. Am Tag darauf auch nicht. Ich unterdrückte meine Phantasien über den Ehekrach, den sie wohl hatte, über das durch die Küche fliegende Geschirr, die zugeschlagenen Türen und das blaue Auge, mit dem sie davonkam, und der abschließenden Bettszene, in der er ihr zum letzten Mal verzieh. Ich steckte das alles weg. Ich fing an, mich an den Zustand zu gewöhnen.

Ich hatte eine wunderbare Frau getroffen. Ich schlief mit ihr, aber ich wußte nicht, wo sie wohnte. Sie hatte einen Kerl, und es klang irgendwie komisch, wenn sie »mein Mann« sagte, wo man doch eher erwartete, daß sie »mein Freund« sagen würde. Sie aber sagte »mein Mann«, und es paßte überhaupt nicht zu ihr. Außerdem hatte sie ein Handy, und ich hatte die Handy-Nummer nicht.

Wieder war es der dritte Tag, an dem sie anrief. Ich begann, an die magische Drei zu glauben. Wir trafen uns wieder im *Roten Mohn*, und danach fuhren wir zu mir. Sie blieb, und wir frühstückten, und sie ging. Und diesmal hinterließ sie mir ihre Handy-Nummer und zwar mit der Auflage, erst am nächsten Tag anzurufen. Wahrscheinlich mochte sie die Typen nicht, die alle halbe Stunde anrufen, um noch ein weiteres Schmusewörtchen loszuwerden, das ganze Repertoire. Aber zu dieser Art Langweilern gehöre ich nicht, Ehrenwort. Konnte sie allerdings nicht wissen.

1. April

Als ich an diesem Morgen erwachte, war natürlich mein erster Gedanke, sie anzurufen. Ich blickte ins Horoskop, und das Horoskop riet mir von Telefonaten ab, aber ich hatte ohnehin nicht die Absicht, mich an derlei Ratschläge zu halten. Meine Gefühlsverwirrung hatte dazu geführt, daß ich nun nicht einmal mehr mein Horoskop ernst nahm. Ich hatte mich hoffnungslos verliebt.

Ich wartete zwei Stunden, die längsten zwei Stunden meines Lebens, dann rief ich an.

Am Telefon war eine Männerstimme.

Ich hätte gern Inga gesprochen, sagte ich ungerührt.

Bist du das Arschloch, fragte er.

Welches Arschloch?

Das Arschloch, bei dem meine Frau ihr Frühstück bestellt, bellte es zurück.

Ich legte auf. Marschierte durchs Zimmer.

Versuchte zu arbeiten. Aber der Computer wollte nicht. Oder ich wollte nicht. Egal. Wer auch immer der Schuldige war, nichts ging mehr.

So verstrich eine Stunde.

Dann klingelte das Telefon. Ich nahm sofort ab. Inga war dran.

Ich muß dich sprechen, sagte sie.

Aber nicht heute, morgen, sagte sie, morgen nacht, ich komme zu dir.

Sie legte auf.

2. April

Es war bereits elf, als sie kam. Ulrich Wickert hatte sich gerade mit dem Blick aufs Wetter verabschiedet. Immer, wenn ich die Visage von dem Typen sah, dachte ich mir, der muß ein furchtbares Horoskop haben. Und erst der Aszendent. Mir gruselte buchstäblich.

Inga machte ein ernstes Gesicht, und ich alle Lichter aus. Zuerst einmal schliefen wir miteinander. Wie Ertappte und aus Verzweiflung. Jedenfalls hatte ich diesen Eindruck.

Danach, auf den Sound von Miles, sagte sie plötzlich: Ich brauche deine Hilfe.

Ja, sagte ich ins Dunkel hinein.

Es ist nur eine Kleinigkeit, eine Winzigkeit, sagte sie, aber für mich ist es wichtig.

Ja, sagte ich.

Am Dienstag hast du den Kommentar.

Erinnere mich nicht daran, sagte ich, es ist mir noch gar nichts eingefallen, kein Wort, und der Dienstag steht bevor. Mußt du mich daran erinnern?

Ich habe die Redaktion am Dienstag, sagte sie.

Das ist schön, sagte ich, sehr schön.

Also, sagte sie, und schmiegte ihren Körper an meinen, da du ja sowieso Einfallsschwierigkeiten hast und unter einem Ideen-Manko zu leiden scheinst: Ich habe etwas für dich.

Frag nichts, hör zu, sagte sie, und frag auch nachher nichts. Ich möchte, daß du eine Glosse vorliest, die ich mitbringe.

Du meinst etwas von dir, fragte ich nun doch, und ihre Nase stieß nickend an meine.

Und warum?

Sie legte ihre Hand auf meinen Mund.

Es war dunkel im Zimmer, nur Miles Davis war zu hören.

Es ist eine Wette, sagte sie, ich muß sie gewinnen.

Machst du das für mich, fragte sie.

Ich mache alles für dich.

Ich hörte sie aufatmen.

Ihr Körper war ganz nah. Ihre Haut war überall. Aber ich war schlapp, fertig. Ein Mittvierziger. Da half auch kein Horoskop.

Schlaf schön, flüsterte sie.

Du auch, sagte ich noch und war weg, aus dem Diesseits regelrecht verabschiedet.

5. April

Es war ein Dienstag. Jener Dienstag.

Inga hat den Kommentar mitgebracht, ich habe ihn vorgelesen. Eine hübsche Glosse, gut pointiert. Hätte glatt von mir sein können, vielleicht an zwei, drei Stellen zu sanft, um mein Stil zu sein, aber nicht auffällig. Jeder, außer mir und Inga, konnte sich vorstellen, daß der Text von mir stammte.

Die Glosse enthielt einen Ort und ein Datum mit Uhrzeit, das hätte mir vielleicht auffallen können. Aber es fiel mir nicht auf. Schließlich handelte es sich um eine Wette, und deren Inhalt und Umstände entzogen sich meiner Kenntnis.

Ich trug den Kommentar vor. Das war alles.

Inga wirkte an diesem Morgen nicht anders als sonst bei der Arbeit, keinerlei Gesichtsausdruck verriet etwas von unserer Absprache.

Ich ging in das Studio und aus dem Studio hinaus, und alles war Routine, gesendet, gegessen, vorbei.

Gegen Abend rief ich die Handy-Nummer an. Der Inhaber der von Ihnen angewählten Nummer ist im Augenblick leider nicht zu erreichen, hieß es. Ich probierte es noch dreimal und immer mit dem gleichen Ergebnis, die sanfte Frauenstimme von der Telekom. Als wollte ich diese Frauenstimme kennenlernen. Ich gab auf.

Am späteren Abend war ich dann im *Roten Mohn*. Ohne jede Verabredung war ich da und erwartete doch jeden Augenblick, Inga durch die Tür kommen zu sehen. Ich saß an der Bar. Ich hatte mich so postiert, daß ich die Tür im Auge behalten konnte. Ich trank Orvieto. Ich trank mehr, als nötig war. Aber es nützte nichts. Als dann meine verschiedenen Phantasien Inga betreffend die Realität weit hinter sich gelassen hatten, machte ich mich auf den Heimweg. Ich nahm die Straßenbahn und dann die S-Bahn, wie es sich für einen Verlierer gehörte. Touristen saßen um mich rum, friedliche Glatzen tranken ihr Bier aus der Dose.

Irgendwann war ich tatsächlich zu Hause. Auf meinem Anrufbeantworter waren zwei Anrufe, aber keiner von Inga. Ich fiel ins Bett und hörte nichts mehr von mir bis zum Morgen.

12. April

Zwei Tage lang versuchte ich es mit dem Telefon, dann gab ich vorläufig auf, wie ich es formulierte. Ich ging auch noch zweimal in den *Roten Mohn*. Alles ohne Ergebnis. Dann rang ich mich dazu durch, in der Redaktion anzurufen, hatte sofort die zuckersüße Stimme der Assistentin im Ohr.

Ich brachte mit betont fester Stimme meine Frage vor.

Weiß nicht, sagte sie, muß mal nachsehen.

Deine Lieblingsredakteurin, was, fügte sie triumphierend hinzu, als ginge es um die große geheimnisvolle Angelegenheit, in der sie immer schon recht hatte. Ich war froh, ihr Intrigantinnengesicht nicht zu sehen. Wie gut, daß es noch keine Bildtelefone gab. Manchmal ist das Ausbleiben des technischen Fortschritts ein wahrer Segen.

Ich hörte sie kurz mit Papierblättern rascheln.

In diesem Monat hat sie keinen Termin mehr, jedenfalls ist hier nichts eingetragen. Wahrscheinlich im Urlaub, murmelte sie. Und dann etwas lauter: Tut mir leid, du Zerstörter, mußt eben den schönen Monat Mai abwarten.

Ciao, sagte sie.

Ich war froh, daß das Gespräch zu Ende war.

Urlaub, dachte ich mir. Hatte sie nichts von erzählt. Wahrscheinlich eine Überraschungsidee von ihrem Kerl. Aber warum war ihr Handy aus? Urlaub, eben. Ich zuckte die Achseln. Damit ließ sich mein Zustand wohl am besten beschreiben. Mit einem Achselzucken. So.

Ich war gekränkt. Ich beschloß mein Leben ohne Inga fortzusetzen. Was blieb mir auch anderes übrig. Tagsüber schrieb ich, und langsam kamen die Texte auch wieder in Fluß. Die Geschichten hatten wieder Kopf und Fuß. Ich verwandelte mich unauffällig zurück in den Routine-Arbeiter, der ich gewesen war. Fiel in meinen alten Trott. Auch mein Geburtstag, es war der sechsundvierzigste, änderte nichts daran. Wenn man so lange schon auf der Welt ist, beginnt man zu glauben, man habe ein Recht auf Wiederholung.

Abends verabredete ich mich mit Bekannten fürs Kino und das späte Bier. Aber in meinem Hinterkopf blieb Inga Dauermieterin. Sie kreiste mit meinen Gedanken mit. Irgendwie wußte ich, eines Tages klingelt das Telefon und sie ist dran oder sie kommt plötzlich durch die Tür dieser namenlosen Bar, in der ich gerade sitze.

17. April

Dieser Tag kam wirklich. Aber anders, als ich es mir vorgestellt hatte. Es kommt ja immer anders, als man denkt. Die alten Weisheiten sind zwar Bagatellen, aber sie bewähren sich in den entscheidenden Situationen. Ich war an diesem Tag versöhnt mit dem Mainstream der Welt, denn er hielt Ausreden für alle Lebenslagen bereit.

Bloß: Er schützte mich nicht.

Was mir egal war.

An diesem schicksalhaften Abend klingelte es plötzlich an meiner Tür. Ich lümmelte auf dem Sofa, betrachtete meinen Mittvierziger-Bauch und sah mir einen alten Schwarzweißfilm an. Es war einer dieser Hollywood-Noirs aus den Vierzigern, die ich alle schon mal gesehen hatte.

Gesehen und wieder vergessen, und die ich doch mit dem gleichen Interesse wieder anschaute.

Die blonde Gangsterbraut ging gerade wütend aus dem Zimmer, und sie hatte eine gewisse Ähnlichkeit mit Inga.

Es klingelte also, und ich hatte keine Ahnung, wer es sein könnte.

Ich ging zur Tür.

Wer ist da, fragte ich, bevor ich öffnete.

Inga, sagte ihre Stimme.

Ich machte sofort auf.

Sie stand vor mir mit einem Lächeln im Gesicht, durch dessen Anblick ich bereits verloren hatte. Wir sahen uns an, als gäbe es eine Wette zwischen uns beiden und als sei der Verlierer bereits bekannt.

Sie setzte sich auf das Sofa und tat einen hörbaren Seufzer.

Bin müde, sagte sie.

Trinkst du was, fragte ich, Wein oder lieber einen Sekt?

Wein, sie nickte zustimmend.

Ich holte die Flasche und Gläser. Stellte beides auf den Tisch. Schenkte ein. Ließ mich in den Sessel fallen, Inga gegenüber.

Sie trank einen Schluck, behielt das Glas in der Hand, blickte mich kurz und prüfend an.

Schön dich zu sehen, sagte ich.

Sitz nicht so anklagend da, sagte sie, komm her, aufs Sofa. Sie zeigte mit der flachen Hand auf den Platz neben sich.

Ich stand auf und setzte mich neben sie, und sie machte

die Lampe aus, und unsere Hände berührten sich. Damit war die Zeit der Fragen vorbei. Ich hatte Inga wieder, ich hatte sie für die ganze Nacht.

Wir schliefen miteinander, wir schliefen und waren wach und schliefen wieder ein.

Gegen Morgen sah ich ihr Gesicht neben mir. Die Vorhänge standen offen, und das Licht fiel ungebremst ins Zimmer. Inga hielt die Augen geschlossen. Sie öffnete sie, und unsere Blicke trafen sich.

Ich habe eine Bitte, nur noch eine, sagte sie, sie betrifft immer noch die Wette, du weißt.

Sie strich mir mit dem Zeigefinger übers Gesicht.

Und was habe ich diesmal zu tun, fragte ich, wieder was vorlesen? Langsam werde ich zum ausgebildeten Sprecher. Endlich ein solider Beruf.

Ich meine es ernst, sagte sie knapp.

Du sollst was für mich abholen, ein Päckchen.

Machst du das, fragte sie. Sie hatte wieder jenen Glanz in den Augen, vor dem ich in der Regel sofort kapitulierte. Frauenaugen, grüne, waren mein Verhängnis.

Sonst verliere ich meine Wette, sagte sie, und was mache ich dann?

Ist diese Wette denn so wichtig?

Mein Leben hängt davon ab, sagte sie mit einem strahlenden Lächeln, das ihre Aussage eher als Witz erscheinen ließ.

Willst du nicht mein Leben retten, fragte sie.

Ich nickte. Mein Nicken war der reinste Liebesbeweis.

Es handelt sich um ein Schließfach am Ostbahnhof, sagte sie. Am besten, du fährst am Mittag hin, so gegen eins. Du nimmst das Päckchen an dich, bringst es mit nach Hause. Ich hole es dann bei dir ab. Heute noch, spätestens morgen, sagte sie.

18. April

Als sie weg war, las ich mein Tageshoroskop. Es blieb auf merkwürdige Weise uneindeutig. Schloß nichts aus, stimmte aber auch keiner Sache ausdrücklich zu. Mein Horoskop machte mich ratlos. Ratlos wie niemals zuvor.

So fuhr ich zum Ostbahnhof. Wenigstens eine klare Sache, dachte ich mir: ein Päckchen abholen. Ich hatte geradezu Lust auf diese banale Tätigkeit. Frauen machen einen immer zum Boten.

Ich schlenderte durch die Bahnhofshalle. Blickte die Abfahrtstafel hoch. Der nächste Zug fuhr nach Danzig. Aber was sollte ich in Danzig? Ich begab mich zu den Schließfächern. Öffnete das Fach, das der Nummer des Schlüssels entsprach. Entnahm ihm das Päckchen.

Ich drehte mich um und stand plötzlich zwischen zwei Männern, und ein Dritter stand vor mir.

Polizei, sagte er und hielt mir seinen Ausweis unter die Nase. Sie sind vorläufig festgenommen.

Sie nahmen mich mit aufs Revier.

Na, neu im Geschäft, sagte der rundliche Vernehmer, nachdem er meine Personalien überprüft hatte.

Was für ein Geschäft?

Spielen Sie hier ja nicht den Dummen, wir kennen uns aus.

Er zeigte auf das Päckchen, das vor ihm auf dem Tisch lag.

Was ist mit dem Päckchen, fragte ich.

Er warf seinem auffallend schlanken Kollegen, der an der Seite des Tisches saß, einen Blick zu.

Sagen wir's ihm, fragte er.

Der andere nickte.

Der Dicke zeigte nun wieder auf das Päckchen. Das ist Kokain im Wert von gut zwanzigtausend Mark.

Nicht gewußt, fragte er, als er mein erstauntes Gesicht sah.

Er blickte wieder zu seinem dünnen Kollegen.

Entweder wir haben es hier mit einem genialen Schauspieler, mit einem ewigen Trottel oder einem hoffnungslos Verliebten zu tun, sagte er.

Wir werden es herausfinden, fügte er hinzu und blickte mich drohend an.

Er stand auf und verließ den Raum.

Sie bleiben bei uns, sagte der Dünne in sachlichem Ton.

Ich möchte meinen Anwalt sprechen, erwiderte ich.

Bitte. Er zeigte mit einer Handbewegung auf das Tischtelefon.

Ich wählte die Nummer von Ralph. Er hatte mir schon zweimal im Laufe der Jahre geholfen. Bei Kleinigkeiten, gegen den Vermieter und in einer Verleumdungsangelegenheit.

Ich hatte Glück. Er war zu Hause.

Hallo, Kumpel, sagte er, was ist los, hast du deine Wohnung verloren? Nein? Oder die Bundesrepublik verunglimpft, gar in den Dreck gezogen?

Ralph, sagte ich, ich bin in Untersuchungshaft, in Moabit. Komm her, wenn du kannst, die Sache ist ernst.

In zwei Stunden bin ich bei dir, sagte er.

Ich legte auf.

Der Polizist nickte.

Ich bringe Sie jetzt auf Ihr Zimmer, sagte er.

Ich lächelte gequält. Ich war nicht in der Stimmung und auch nicht in der besten Lage, den Berliner Polizeihumor zu goutieren.

Dann endlich kam Ralph.

Die Aussage verweigern nützt dir gar nichts, sagte er, nachdem ich kurz berichtet hatte. Du mußt Namen nennen. So schnell wie möglich. Je schneller du die Namen nennst, desto besser für dich. Hörst du, Mandant?

Ich nickte. Aber wie sollte ich Ingas Namen nennen, wie sollte ich sie verraten, ich liebte sie ja.

Sie hat dich reingelegt, sagte Ralph.

Ich zuckte die Achseln.

Wer weiß, sagte ich.

Mann, komm zu dir, du bist ein Opfer dieser Frau!

Das kann ich nicht glauben.

Glaub, was du willst, sagte Ralph, aber sag aus.

Ich kann nicht gegen Inga aussagen.

Und wieso nicht? Und überhaupt: Warum ist sie denn nicht da? Warum ist sie verschwunden?

Vielleicht ist sie ja ebenfalls in Haft, meinte ich.

Ralph lachte laut auf.

Kumpel, sagte er, überleg's dir, überschlaf es, aber merke dir: Wenn ich dich hier rausholen soll, mußt du reden. Ich gehe jetzt.

Er ging.

19. April

Als ich in das Vernehmungszimmer gebracht wurde, las der Dünne gerade das Horoskop.

Wird es ein guter Tag? fragte ich und zeigte auf das Blatt.

Ihnen wird der Humor noch abhanden kommen, sagte der Dicke. Ist Ihnen überhaupt die Tragweite des Verdachts, unter dem Sie stehen, bewußt?

Er machte eine Kunstpause.

Drogenschmuggel, betonte er, darauf stehen ein paar Jährchen mit einem sicheren Dach über dem Kopf.

Ich sagte nichts.

Ich will eine Aussage machen, sagte ich dann.

Wird auch Zeit, meinte der Dünne und legte die Zeitung weg.

Ich erzählte ihnen meine Geschichte mit Inga.

Sie sind also unschuldig, stellte der Dicke trocken fest, und der Dünne kicherte.

Ich aber nickte und hatte ein todernstes Gesicht. Mir selber erschien die Sache, wie ich sie darstellte, unglaubwürdig. Ich tappte selber im Dunkel meiner Geschichte.

Wir werden alles überprüfen, sagte der Dünne.

20. April

Ich bin wieder zur Vernehmung bestellt. Zu einer ungewöhnlichen Zeit. Ich hatte mich schon für eine weitere Nacht im Bau eingerichtet.

Diesmal sitzt der Dünne vor mir und am Platz des Dünnen der Dicke.

Ich habe Ihnen alles erzählt, sage ich.

Es ist so gewesen.

Wie ich schon sagte.

Ich wiederhole mich, aber ich rede. Ich muß reden. Hast du mal mit dem Reden angefangen, hörst du nicht mehr auf damit.

Ich schwör's.

Die beiden nicken, als sähen sie einen alten Film zum zwanzigsten Mal.

Sie blicken sich an.

Der Dicke geht schwerfällig raus.

Schweigen.

Plötzlich sind Stimmen auf dem Flur zu hören. Männerstimmen, eine Frauenstimme. Es ist mir, als wäre es Ingas Stimme. Inga? Ich spinne wohl.

Aber dann fliegt die Tür auf und herein stürmt Inga, läßt sich unaufgefordert auf einen Stuhl fallen.

Nein, sagt sie, als sie mich sieht, das kann doch nicht wahr sein. Bin ich denn nur von Versagern umgeben?

Ihre Augen blitzen. Sie ist schön, denke ich mir. Ich Totaltrottel und typisch Mann.

So sieht man sich wieder, sagt der Dicke lächelnd und schließt die Tür.

Kennen Sie den Herrn, fragt der Dünne gelangweilt und deutet auf mich.

Natürlich kenne ich ihn, sagt Inga und wirft mir einen Blick zu, der dazu geeignet ist, mich aus meiner Planetenlaufbahn zu werfen.

Ich kenne ihn, wiederholt sie, na und?

Und das kennen Sie dann auch, sagt der Dünne und hält ihr das Kokspäckchen unter die Nase. Sie schüttelt heftig den Kopf, und er sagt: Ach so, können Sie noch nicht kennen, haben Sie ja noch nicht abgeholt.

Fangen Sie nicht schon wieder mit Ihrer müden Theorie an, wenn ich den Mann kenne, muß ich noch lange nicht sein Koks kennen.

Der Dicke lacht.

Im Prinzip nicht, sagt er, aber diesmal doch.

Es ist nicht mein Koks, sage ich, es ist dein Koks.

Du Arschgeige, sagt Inga.

Der Dünne winkt ab, er zeigt auf die Tür, die der Dicke gerade öffnet.

Vor der Tür steht ein Kerl. Er läuft direkt auf Inga zu und stammelt: Verzeih, verzeih mir.

Man hätte Mitleid bekommen können.

Inga würdigt ihn mit keinem Blick.

Und dann sieht er mich.

Das ist also das Schwein, brüllt er. Du hast Inga gefickt. Er hat einen richtigen Heulton drauf und ist im Begriff, sich auf mich zu stürzen.

Mal langsam, sagt der Dicke und hält ihn am Oberarm fest. Benehmen Sie sich.

Darf ich vorstellen, sagt er, das ist der Ehemann, bekannt für seine Tobsuchtsanfälle. Sie koksen und sie lieben sich. Ein Champion der Eifersucht.

Eifersucht ist schlecht, sagt der Dünne nachdenklich, sie verdirbt das Geschäft. Für uns aber ist sie ganz gut. Eifersucht nützt schließlich der Polizei. Wenn Gott uns schon nicht hilft, dann helfen uns wenigstens die Gefühle.

Das ist nicht wahr, ruft Inga.

Doch, sagt der Dicke.

Der Ehemann hat uns den Tip mit dem Schließfach gegeben. Telefonisch. Hat wohl den Gedanken an den Liebhaber nicht ertragen.

Inga springt auf. Will sich auf ihren Mann stürzen.

Immer mit der Ruhe, sagt der Dünne, immer mit der Ruhe, aber wozu sage ich das einem Widder?

Nein, rufe ich, sie ist Widder?

Klar, sagt der Dünne, während Inga mit den Fäusten auf ihren Kerl losgeht.

Ich Idiot, sage ich.

Ja, man sollte mehr ans Horoskop denken, auch im Bett, doziert der Dünne. Kann viel Ärger ersparen.

Jetzt aber, sagt er, muß ich Sie, meine Damen und Herren, wieder auf Ihre Zimmer bitten, die Ermittlungen sind schließlich noch nicht abgeschlossen.

Was habe ich nun davon, höre ich beim Hinausgehen Inga sagen, daß ich die Wette gegen diesen Gehörnten gewonnen habe. Blödmann!

Nun sitze ich hier und denke über mein verpfuschtes Leben nach. Bagatelle, höre ich Ralph sagen, Beihilfe, du bist bald raus. Und wenn ich dann raus bin, habe ich eine feste Lebensregel: Schlafe nie mit einer Frau, ohne sie nach ihrem Sternzeichen zu fragen!

Gabriella Wollenhaupt

Widder brennen länger

Er haßte Reporter. Besonders, wenn sie in weiblicher Form daherkamen. »Das ist Lamik«, sagte Kant beflissen. »Er begleitet unsere Klienten auf dem letzten Weg.«

Die Reporterin warf Lamik einen Blick zu, in dem eine Mischung aus Sensationsgier und Grusel lag. Lamik ließ seine Augen halb unter dem Lid verschwinden und schaute die Frau stumm an. Blöde Tusse, dachte er.

»Ist das eigentlich ein Ausbildungsberuf, den Sie hier ausüben, Herr Lamik?« versuchte die Reporterin einen Dialog zu beginnen.

»Nö«, flüsterte Lamik und machte eine Pause.

Die Frau hüstelte verlegen und blickte Kant an.

»Man muß das Feuer lieben und die Menschen«, fuhr Lamik fort.

»Schön gesagt«, meinte die Reporterin. »Können wir das gleich mal im O-Ton haben?«

Lamik gab seinem Gesicht einen leicht debilen Ausdruck. So hielt er sich die Leute vom Hals. Besonders Journalisten. Die Reporter kamen meist im November, jenem Monat, der bei Medienleuten als der stille galt.

»Vielleicht machen wir erst mal einen kleinen Rundgang«, schlug Kant hastig vor. Er kannte Lamik seit Jahren und wußte, daß in diesem Moment nicht viel aus ihm herauszukriegen war.

Die Reporterin nickte, atmete tief aus.

»Er ist ein bißchen komisch«, sagte Kant leise. In seiner Stimme war eine Entschuldigung. »Der tägliche Umgang mit unseren Klienten – Sie verstehen?«

Warum glaubt Kant immer, daß ich ihn nicht höre, wenn er leise spricht, dachte Lamik.

»Ist er ...« Die Frau suchte nach den passenden Worten. »... geistig behindert?« Dabei machte sie in Höhe ihrer Stirn eine flatternde Bewegung mit der geöffneten Hand.

Lamik dachte: Dich krieg ich.

Er konnte die Antwort seines Chefs nicht mehr hören, weil die Gruppe hinter der Biegung des Ganges verschwunden war.

Lamik blickte den vieren nach. Die Frau war Ende Dreißig, ganz in Schwarz gekleidet, wie es zur Zeit Mode war.

Seine Farbe. Hier darf nur einer schwarz tragen, und das bin ich, dachte Lamik grimmig. Allein dafür gehört sie bestraft.

Er schaute auf die Uhr. Gleich Mittag. Irgendwann würde die Reporterin mit ihren Leuten wiederkommen und seinen Tag durcheinanderbringen. Er hatte den Arbeitsplan für die drei Schichten noch nicht erstellt. Es wurde Zeit.

Lamik griff zu einem Formular, das auf einem schmalen Holztisch lag. Klaus-Peter Vogel, las er, geboren am 23. Juni vor fünfunddreißig Jahren. Ein Krebs. Lamik griff zur Zeitung und las das Tageshoroskop für Klaus-Peter Vogel: *Beruf: Neue Aufgaben stärken Ihr Selbstbewußtsein. Liebe: Die Liebesplaneten Venus und Mars steigern*

Ihre Leidenschaft. Geld: Sie greifen Freunden unter die Arme. Gesundheit: Achten Sie etwas mehr auf Ihre Figur.

Lamik lachte auf. Der braucht nicht mehr auf die Figur zu achten, dachte er, zu spät.

Vogel hatte sich in seinem Fünfer-BMW bei Tempo 180 um einen Betonpfeiler gewickelt, die Feuerwehr hatte viel Mühe, ihn aus seinem Nobelschlitten zu kratzen. Lamik hatte in der Zeitung über den Fall gelesen. Solche kaputten Typen landeten dann immer bei ihm. Wo auch sonst.

»Entspann dich, dann tut's nicht weh«, murmelte Lamik. Er sprach gern mit seinen Klienten, weil es der Sache an sich eine gewisse Würde und Souveränität gab.

»Warte, Klaus-Peter, ich hab noch was für dich.«

Lamik ging zu seinem Spind, holte eine CD heraus und schob sie in den Schlitz des Players. Dann startete er und drehte die Lautstärke hoch. *You only see what your eyes want to see, how can life be what you want it to be, you 're frozen, when your heart's not open ...*

Ja, die Musik paßt, dachte Lamik. Er streckte seinen durchtrainierten Körper und betätigte den Knopf seiner Maschine. Gemächlich und stilvoll wurde Klaus-Peter Vogel in die korrekte Lage gebracht. Lamik überprüfte mit einem knappen Blick, ob die Honorarkraft die Griffe ordnungsgemäß abgeschraubt hatte. Alles okay. Das Laufband tat seine Arbeit wie immer – widerspruchslos und still.

Madonna sang: *If I could melt your heart ... we'd never be apart ...*

Lamik sah, wie sich die Schiebeklappe langsam öffnete,

er sah das gleißende Licht, das so viel Reinheit und Endgültigkeit bedeutete, sah den Schatten von Klaus-Peter Vogels Behälter.

Lamik dehnte sich wohlig. Jetzt kam der schönste Moment. Die Hitze des 1200-Grad-Feuers, die zu ihm herüberstrahlte, vermittelte ihm ein Gefühl von Heimat, von gestillter Sehnsucht, die Tage waren nicht mehr tonlos, seine Nächte nicht mehr vertan, die Zeit blieb eine kleine Weile stehen – an ihrer wunderbarsten Stelle.

Langsam, fast theatralisch, schloß sich die Klappe. Lamik schätzte, daß Vogel eine halbe Stunde brauchen würde. Der Sarg war aus schnell brennendem Holz, Kiefer mit vielen Astlöchern, die durch einen eichenähnlichen Anstrich verborgen werden sollten, damit die Kiste teurer wirkte, als sie in Wirklichkeit gewesen war.

»Wer ist denn gerade da drin?« plärrte plötzlich eine Stimme in Lamiks Rücken. Er zuckte zusammen. Die Leute vom Fernsehen.

»Datenschutz«, sagte Kant, »das müssen Sie bitte verstehen ...«

»Kein Problem«, meinte die Reporterin. »Uns interessiert der Vorgang als solcher. Könnten Sie mal aus dem Bild gehen, Herr Marik?«

Lamik wollte kaum seinen Ohren trauen. Hier war er der Meister, und er hatte keine Lust, sich mit falschem Namen anreden und auch noch herumkommandieren zu lassen. Er trat nahe an die Frau heran, baute sich vor ihr auf. Sie war nicht groß, ihre Nasenspitze befand sich in Höhe seines Kinns.

Sie wich keinen Schritt zurück, hielt seinem Blick stand. Provozierte ihn mit einem kleinen ironischen Grinsen. Lamik spürte, wie sich eine Falte zwischen seinen Augenbrauen bildete und sein Atem schneller ging. Die Schlampe ist ein Widder, dachte er, nur Widder sind so grob und unverschämt.

»Lamik, bitte!« Kant war neben ihn getreten, zupfte ihn am Ärmel. Lamik verstand, trat zurück und verfiel wieder in seine übliche Haltung: die Schultern nach vorne, der Rücken krumm und die Miene desinteressiert. Er hoffte, daß der Besuch bald vorbei sein würde und er endlich wieder seine Ruhe hätte.

»Entschuldigung«, murmelte er.

»Ist ja schon gut, Herr Marik«, plapperte sie.

»Lamik. Ich heiße Lamik.«

»Entschuldigung. Ich kann mir Namen einfach nicht merken.« Ihre Stimme war plötzlich ganz süß.

Lamik beobachtete sie. Ihr Haar war halblang, dunkel und glänzend, unter dem Haaransatz präsentierte sich die breite eckige Stirn des Widders, ein ausgeprägtes Kinn und ein runder Mund. Die hohen Wangenknochen und die leicht schräg stehenden Augen gaben ihrem Gesicht einen archaischen Ausdruck – sie hatte ein Antlitz, das Jahrtausende Gültigkeit besaß.

»Wann ist er fertig?« Die Widderfrau deutete auf den Ofen und kicherte.

Lamik grinste. Frauen hatten eine eher pragmatische Einstellung zu seiner Arbeit. Ihnen war der Vorgang, Fleisch in eine Röhre zu schieben und dem Feuer auszusetzen, durch intensives Training am heimischen Backofen vertraut.

»Kann nicht mehr lange dauern«, antwortete Lamik. »Wollen Sie ihn blutig oder durch?«

»Sie können ja witzig sein«, staunte die Widderin.

»Lamik!« stöhnte Kant. Er hatte überhaupt keinen Sinn für Humor. Diesen Mangel nannte er großspurig »Pietät«.

»Er ist ein Krebs«, erklärte Lamik der Reporterin. »Das ist ein Wasserelement. Am besten brennen die Menschen, deren Element das Feuer ist. Löwe oder Schütze.«

»Wirklich?«

Lamik bemerkte, daß die Reporterin wache blaue Augen hatte, die auf eine gesunde Intelligenz schließen ließen.

»Feuer zu Feuer«, fuhr Lamik fort. *»Ave ignis purgans.«*

»Ein Heizer mit Niveau und Lateinkenntnissen. Und ein Astrologe – nicht zu fassen!«

Sie trägt ein bißchen dick auf, dachte Lamik.

»Lamik ist kein Heizer«, verbesserte Kant. »Leute wie er werden Maschinisten genannt.«

Die Widderfrau gab dem Kameramann ein Zeichen. Dieser richtete das Objektiv auf Lamik. Er sah die rote Lampe am Gerät aufblinken, dann hielt sie ihm ein Mikrofon unter der Nase. Sie hatte kräftige, leicht gebräunte Hände mit kurzen Nägeln.

»Dieser Mann begleitet die Toten auf ihrem letzten Weg«, sagte sie in die Kamera. »Herr Lamik ist der Maschinist des Krematoriums. Ein interessanter Mann – wie Sie gleich merken werden –, denn Herr Lamik weiß viel über seine Kunden. Zum Beispiel, welches Sternzeichen sie haben. Wer verbrennt nach Ihren Erfahrungen am besten?«

»Das heißt nicht ›verbrennen‹«, krähte Kant dazwischen. »Das heißt ›kremieren‹!«

Typisch Jungfrau, dachte Lamik, pedantisch und besserwisserisch.

»Schnitt«, sagte die Widderfrau. Sie blickte Kant böse an. »Lieber Herr Kant«, sagte sie dann. »Ich wäre Ihnen verbunden, wenn Sie mich meine Arbeit machen ließen. Wenn ich Ihre Hilfe brauche, werde ich es Sie wissen lassen.«

Kant entschuldigte sich.

Feiger Sack, dachte Lamik, aber sie hat's ihm gut gegeben. Alle Achtung!

»Ich stelle meine Frage noch mal«, kündigte die Frau an. »Also: Welche Sternzeichen verbrennen am schnellsten?«

»Die Feuerzeichen. Löwe und Schütze. Der Widder ist auch ein Feuerzeichen. Doch hier liegt die Sache anders.«

»Wieso?«

»Widder brennen lange. Ich weiß nicht, warum. Vielleicht liegt es daran, daß der astrologische Kalender mit diesem Sternzeichen beginnt – es ist kraftvoll und unverbraucht. Der Widder setzt dem Feuer die eigene Stärke entgegen. Es ist so, als würden zwei Flammenwerfer aufeinandertreffen – sie ersticken sich gegenseitig.«

»Interessanter Denkansatz«, bewertete die Frau. »Welches Sternzeichen sind Sie eigentlich, Herr Lamik?«

Lamik überhörte die Frage. »Irgendwann brennt aber jeder«, fuhr er fort. »Niemand wird hier bevorzugt, niemand ausgegrenzt. Ob jung oder alt, schön oder häßlich, reich oder arm, komplett oder zerfetzt – das Feuer macht sie alle gleich. Das ist gelebte Demokratie, oder?«

Die Reporterin stellte noch ein paar Fragen zum Arbeitsablauf.

Lamik bekam all diese Fragen häufig gestellt, und die Antworten fielen ihm nicht schwer. Er achtete auf die Stimme der Widderfrau, sie sprach leicht kehlig, hatte keinen regionalen Akzent und liebte kurze knappe Sätze. Sie blickte ihm direkt in die Augen, wenn sie fragte, und wenn sie ärgerlich wurde, bekamen die tiefblauen Pupillen einen lila Schimmer.

»Und jetzt sagen Sie mir endlich, welches Sternzeichen Sie sind, Herr Lamik«, forderte sie, als das Interview beendet war.

»Ich bin natürlich Widder«, hörte er sich sagen. »Genau wie Sie.«

»Wie konnten Sie das wissen?« Sie war ehrlich verblüfft.

»Widder erkennen sich überall«, behauptete Lamik. »Genauso wie Wölfe.«

Als das Fernsehteam die Sachen eingepackt hatte, fühlte Lamik eine plötzliche Leere. Irgend etwas war geschehen, doch er hatte nicht die Zeit, darüber nachzugrübeln.

Als Klaus-Peter Vogel fertig war, schaufelte Lamik die Mischung aus hellgrauer Asche und noch festen Knochenstücken in den Knochenwagen. Mit langsamen Schritten schlurfte er über den dunkel gefliesten Gang.

Lamik horchte auf, hob den Kopf wie ein Tier, das Witterung aufgenommen hatte. Und er glaubte, die harten Stöckel der Widderin zu hören, die vor ein paar Stunden durch diesen Flur gekommen war, um ihn bei seiner Arbeit zu stören. Lamik schüttelte sich, als wolle er den Gedanken an sie aus seinem Hirn vertreiben.

Er füllte Klaus-Peter Vogel in die Knochenmühle. Auf den ersten Blick keine Metallstücke oder Nägel. Die verbrannten nämlich nicht. Lamik schaltete die Mühle ein, der eingebaute Magnet warf kein Metall aus, das sich im Körper von Vogel hätte befinden können.

Während er die Asche in die Urne füllte und das Gefäß sorgfältig beschriftete, bollerte der Ofen, was das Zeug hielt.

Lamik hauste in einer kleinen Wohnung in der Nähe des Krematoriums. So hatte er es nicht weit zu seiner Arbeitsstelle. Ein Auto hatte er nicht und öffentliche Verkehrsmittel haßte er. Zu viele Menschen, zu viel Trubel. Er schätzte die Ruhe, Einsamkeit und Kühle der Leichenhalle, wo er mit seinen Klienten ganz allein war. Und dann die plötzliche Wärme, wenn sich die Klappe des Ofens auftat.

An diesem Abend öffnete Lamik eine Flasche Sekt. Er trank sonst kaum Alkohol, doch dieser Abend war anders. Der Korken ploppte.

Lamik hatte keine Sektgläser, also goß er die Flüssigkeit

in ein Wasserglas. Er trank einige Schlucke, ging zum Regal und nahm ein dickes Buch heraus.

Sein Einband war abgegriffen, manche Seiten fleckig. Er hatte es oft in den Händen gehabt, um sich auf seine Klienten einzustellen, ihnen gerecht zu werden. Manche Passagen kannte er inzwischen auswendig. Er schlug die Seiten auf, in denen vom Widder die Rede war.

Der Widder ist voller Tatendrang und grenzenlos energiegeladen. Er hat eine ungestüme, ungeduldige, manchmal rohe Art.

Ein Widder ist stets ehrlich. Er äußert unverblümt, was er denkt. Das läßt ihn manchmal brutal offen erscheinen. Er arbeitet mit vollem Schwung an der Umsetzung seiner Ziele – dabei stehen die eigenen Bedürfnisse an erster Stelle. Dem impulsiven Tatendrang steht ein bisweilen unstetes und nicht immer zuverlässiges Wesen gegenüber. Die Launen des Widders sind wechselhaft. Eben noch heiter und humorvoll, zeigt er sich im nächsten Augenblick mürrisch und schlecht gelaunt.

Lamik lächelte. Die Widderin hatte ihren Kameramann ein paarmal ungeduldig angefahren, wenn ihr etwas nicht schnell genug gegangen war. Auch Kant hatte sein Fett abgekriegt – sie hatte ihn ziemlich zusammengestaucht.

Lamik blätterte weiter. Auf den folgenden Seiten wurde die Widderfrau beschrieben.

Sie ist wählerisch und mitunter flatterhaft bei der Partnerwahl. Sie ist leidenschaftlich und voller Energie. Sie sucht einen Partner, der zwar ihre dominante Rolle akzeptiert, sich aber nicht als Softie unterbuttern läßt. Beziehun-

gen mit einer Widderfrau sind frisch und kurzweilig. Hat sie erst einmal den Mann ihres Herzens gefunden, ist sie treu und absolut loyal. Sie wird sich immer für ihn einsetzen und ihn gegen Angriffe anderer verteidigen.

Lamik schloß die Augen. Eine dubiose Sehnsucht ergriff ihn, der Sekt schmeckte nicht mehr, das Atmen fiel ihm schwer.

Er stand auf und ging ins Badezimmer. Mit gesenktem Kopf stützte er sich auf der Waschbeckenkante auf. Seine Knie zitterten.

Er blickte auf und sah sich im Spiegel. Die Stellen im Buch, die ihn betrafen, kannte er aus dem Gedächtnis.

Der Widdermann ist ein wahrer Adonis.

Lamik sah einen Mann von Mitte Vierzig mit fahler Haut. Das ehemals dunkle Haar war im Lauf der Jahre zurückgewichen und hatte einen leichten Grauschimmer, einen vergleichbaren Ton wie die noch warme Asche im Knochenwagen. Die Augen im Spiegel waren jedoch von einem ungewöhnlichen Blau – irgendwo zwischen Veilchen und Kornblumen. Die Lider lagen schwer auf ihnen. Lamiks Mund hatte eine leicht geschwungene Form, für einen Mann waren die Lippen fast weiblich – rosig in der Farbe und weich im Fleisch.

Der Widdermann hat ein gesundes Selbstbewußtsein und liebt vor allem in seiner Jugend die schnellen Abenteuer.

Jugend. Lamik versuchte sich den Fetzen einer Erinnerung an seine Jugendjahre ins Gedächtnis zu holen. Da war der Geruch von Essensresten und Spülmittel, von altem Fett und scharfem Reinigungsmittel. Da war ein Bild von einem dunklen Raum mit einem gebraucht gekauften Bett, verschmutztem Teppichboden und einem Tierkreiszeichen-Kalender an der Wand. Damals war er schon siebzehn. Die Mutter lag schnarchend auf dem Sofa. Sie litt unter Depressionen und kam manchmal nachts zu ihm. Das waren die schnellen Abenteuer in seiner Jugend.

Der Widdermann ist eine kraftvolle Schönheit. Er ist herrisch und aufbrausend, läßt sich nicht dominieren.

Lamik zog sein Hemd aus. Eines Tages hatte er sich von ihr befreit – aber um welchen Preis. Er betrachtete die Haut seines Oberkörpers. Sie war feuerrot, zusammengeflickt aus halbverbrannten Fetzen und nachgezüchteten Hautpartikeln. Er hatte keine Brustwarzen mehr, das Schlachtfeld begann am Schlüsselbein und endete knapp über dem Bauchnabel.

Tränen liefen über Lamiks Gesicht. Er griff zu dem Hautöl auf der Ablage und schüttete eine gute Menge in seine Handfläche. Mit geübten Strichen massierte er die schwere Flüssigkeit in die Krater seiner Haut, um sie geschmeidig zu halten.

Fast hätte er das Klingeln des Telefons überhört. Hastig tupfte er das Fett von seinen Händen und lief ins Wohnzimmer. Er bekam fast nie Anrufe.

»Ja?« sagte Lamik knapp.

»Hier bin ich.« Die Stimme der Widderin war heiser. »Ich wollte mich nur noch mal für Ihre Hilfe bedanken.«

»Woher haben Sie meine Nummer?« fragte Lamik mit krächzender Stimme.

»Es gibt doch Telefonbücher«, lachte sie, »da stehen Sie drin.«

»Ach so.«

»Der Film läuft morgen abend – das wollte ich Ihnen nur sagen.«

»Danke. Ich habe aber keinen Fernseher.«

»Ich schicke Ihnen eine Kassette.«

»Ja.«

»Schönen Abend noch – und noch mal danke!«

Das Gespräch war beendet. Lamik verharrte einige Sekunden, den Telefonhörer noch immer in der Hand. Ein jubelnder Sturm brauste in seinem Inneren auf, ergriff Besitz von seinem fast vertrockneten Herzen, erquickte seine dumpfe Seele und pustete Leichtigkeit und Freude in seinen Kopf.

Lamik fiel auf die Knie, das Gesicht in Verzückung. Er spürte Demut in sich und den unbedingten, unwiderruflichen Willen, sein Leben zu ändern.

Am nächsten Morgen richtete es Lamik so ein, daß ihn Kant zu einem jener Fernsehabende bei sich zu Hause bat, die er einmal im Monat über sich ergehen lassen mußte. Kant war geschieden, lebte allein. Das einzig Aufregende in seinem dahinplätschernden Leben waren die Spiele der heimischen Fußballmannschaft.

Die beiden saßen dann gewöhnlich nebeneinander auf Kants abgewetztem Ledersofa. Kant kippte sich das Bier hinter die Binde, kommentierte die Spielzüge der Mannschaft, wußte grundsätzlich alles besser. Der Prototyp einer kleinkarierten Jungfrau.

Lamik versprach, einen Sechserpack Pils mitzubringen, und beide verabredeten sich für den Abend.

»Ich komm ein bißchen früher«, sagte Lamik, »dann können wir uns noch den Film ansehen, den die Reporterin über uns gemacht hat. Der läuft nämlich heute.«

Kant nickte abwesend.

Lamik arbeitete in den Stunden vor der Verabredung wie ein Besessener. Sarg um Sarg wurde in die Öfen geschoben, heute interessierten ihn weder die Namen noch die Sternzeichen seiner Kunden. Am Nachmittag war Lamik schweißgebadet. Er machte pünktlich Feierabend, sagte zu Kant, daß er um sieben bei ihm sein würde – mit dem Bier, versteht sich.

Lamik ging zu einem Kiosk, kaufte ein und ging in seine Wohnung. Er verharrte und sah sich um. Nein, dies war keine Bleibe für eine Frau, schon gar nicht für eine Widderin. Lamik ging zum Tisch, öffnete eine Schublade und holte ein Sparbuch heraus. Er hatte die Versicherungssumme, die nach dem Feuer gezahlt werden mußte, als Festgeld angelegt und es seit der Auszahlung nicht mehr angerührt. Im Laufe der Jahre waren so über 200.000 Mark zusammengekommen.

Er dachte über sich und die Frauen nach. Wie ein Hamster hatte er die letzten Jahre solitär in seinem Bau gelebt, sein Kontakt zu Frauen war auf kurze Begegnungen während seiner Brunstperioden beschränkt. Es waren meist käufliche Frauen gewesen, in den gewissen Häusern, und er hatte darauf bestanden, bei der Kopulation voll bekleidet zu bleiben. Ein Glück, daß diese Zeiten bald vorbei sein würden.

Die Widderin hatte auch einen Namen. Sie hieß Kea. »Kea!« Lamik jauchzte ihren Namen, als er durchs Treppenhaus lief. »Kea!«

Eine halbe Stunde später öffnete Kant die Tür, und Lamik trat ein. Wortlos nahm Kant das Bier, Lamik ging Richtung Wohnraum, wo der Fernseher bereits plärrte. Zwanzig Minuten noch bis zum Regionalmagazin. Kant setzte sich neben Lamik, stellte zwei volle Gläser Pils auf den Couchtisch und sagte: »Zum Wohl!«

Beide tranken. Kant schob eine Schale mit Erdnußflips vor Lamik. Sie sahen aus wie gelbe, fette Würmer. Kant schien einen unerschöpflichen Vorrat davon zu besitzen, denn immer, wenn Lamik zu Besuch kam, wurden sie ihm vorgesetzt, doch niemals hatte er zugegriffen.

Zwei Glas später begann die Sendung. Ein Moderator in durchgestyltem Outfit begrüßte die Zuschauer, stellte die Themen der Sendung vor – auch der Bericht übers Krematorium war dabei. Der Fernsehmann sprach von einem »Beruf, der das Gruseln lehrt«, von einem »morbiden Job« und ähnlichem Unsinn. »Sehen Sie einen Film unserer Mitarbeiterin Kea Winter.«

Da kam die Widderin auch schon ins Bild. Sie hatte sich vor dem Krematorium postiert, das Mikrofon in der rechten Hand. Lamik achtete nicht auf ihre Worte, vertiefte sich in ihr Antlitz und den runden Klang ihrer Stimme.

Das Licht der Morgensonne ließ die breite Stirn der

Widderin von innen leuchten, besonders an den beiden Stellen, an denen normalerweise die Hörner sitzen.

»In den letzten Wochen gab es immer wieder Gerüchte über Unregelmäßigkeiten im Krematorium, die sich nach unseren Recherchen jedoch nicht belegen lassen. Wir nehmen die Diskussion darüber zum Anlaß, uns den Arbeitsplatz der Menschen im Krematorium einmal näher anzusehen ...«

Lamik blickte Kant überrascht an, doch der konzentrierte sich auf die bewegten Bilder. Lamik sah sich im Interview mit Kea und fand, daß sie beide ein passables Paar abgaben. Jede ihrer Fragen war präzise gestellt, und seine Antworten waren alles andere als ausweichend. Sogar ein bißchen Witz war dabei, eine Art lakonischer Humor, den nur die Widder verstehen in ihrer grenzenlos streitlustigen und schroffen Art.

Der Film dauerte keine fünf Minuten. »Wir hoffen, daß wir Ihnen einen Einblick gegeben haben in einen besonderen Bereich unseres Arbeitslebens«, schloß Kea ihren Bericht. Dann ging man zum nächsten Thema über.

Lamik murmelte: »Eine schöne Frau.«

Kant sagte: »Nicht mein Fall. Sie ist ein bißchen herb. Zu herb.«

»Sie ist eine Widderin«, erklärte Lamik.

»Widderin?«

»Ein Feuerzeichen.«

»Mir sind Jungfrauen lieber«, kicherte Kant und leerte das Glas. »Die sind so sauber und halten so schön ... still.«

Lamik sah, wie Kant seine ungelenken Finger in die Schale mit den dicken gelben Würmern versenkte.

Lamik hatte sein einziges weißes Hemd gewaschen und gebügelt. Er achtete darauf, daß es hochgeschlossen blieb, obwohl er lieber die ersten beiden Knöpfe geöffnet hätte – es wirkte einfach legerer. Doch er hatte nun mal keine Wahl, und einen Rollkragenpullover besaß er nicht.

Bevor Lamik sich in das Café begab, in dem das Treffen mit Kea Winter stattfinden sollte, besorgte er einen Blumenstrauß. Er entschied sich für weiße Madonnenlilien. Mit bebendem Herzen ging er durch die Glastür des Cafés. Dort saß sie an einem runden Tisch im hinteren Bereich des Raums.

Sie studierte gerade die Karte, blickte aber zufällig auf, als er nur noch drei Meter von ihr entfernt war.

»Für Sie!« sagte Lamik und reichte ihr die Blumen.

»Womit hab ich das denn verdient?« wollte sie wissen. Es klang überrascht und ein wenig amüsiert.

»Ihr Film hat mir gut gefallen«, sagte er.

»Das freut mich.«

Lamik fehlten Worte, um die Lücke zu überbrücken.

»Setzen Sie sich doch endlich«, forderte Kea Winter. »Und erzählen Sie mir etwas über sich.«

Lamik plazierte sich auf dem Stuhl gegenüber. Sie saß mit dem Rücken zur Wand, hatte vollen Blick in den Raum. Lamik sah ihren Hinterkopf in einem Spiegel, der an der Wand angebracht war, um mehr Tiefe vorzugaukeln. Sie hatte jede Menge Wirbel im Haar.

»Was wollen Sie über mich wissen?«

»Zum Beispiel, wie Sie an Ihren Job gekommen sind.«

Lamik überlegte. »Das ist eine lange Geschichte.«

»Ich habe Zeit.«

»Ich hab schon immer gerne Menschen verbrannt«, lächelte Lamik und wartete auf ihre Reaktion.

»Sie haben einen merkwürdigen Humor.«

Die Kellnerin fragte nach Lamiks Bestellung. Er entschied sich für eine Tasse Kaffee mit Milch und Zucker.

»Geht nicht, wir haben nur Kännchen!« meinte die Kellnerin unfreundlich.

»Dann bringen Sie halt eins!« sagte die Widderin schroff. Und danch zu Lamik gewandt: »Aber jetzt mal ehrlich ...«

»Über mich gibt es nicht viel zu erzählen«, begann Lamik. »Ich habe nach der Schule eine Lehre begonnen – als Hochofenarbeiter in einem Stahlwerk. Und dann ist Mutter gestorben.«

»Das tut mir leid«, sagte sie, »wie alt waren Sie denn da?«

»Fast siebzehn.«

»Und Ihr Vater?«

»Den kenne ich nicht.«

»Und wie ging es dann weiter?«

Die Kellnerin stellte das Kännchen Kaffee auf den Tisch.

»Ich wurde krank.«

Lamik goß sich die schwarze Flüssigkeit in die Tasse. Er bemerkte, daß seine Hand etwas zitterte.

»Dann waren Sie ja ganz auf sich allein angewiesen«, stellte Kea Winter fest. »Sie haben Ihre Mutter sicherlich sehr geliebt. War sie krank?«

Lamik schaute die Widderin an. Mutter war damals aufgewacht, hatte ihn erstaunt angesehen – so, als könne sie nicht glauben, daß ausgerechnet er eine wichtige Entscheidung ohne sie treffen könnte. Er hatte das brennende Streichholz fast zärtlich an ihr wattiertes rosafarbenes Bettjäckchen gehalten, das vom Benzin durchtränkt war. Und dann stand sie auch schon in hellen Flammen.

»Sie hatte einen Unfall«, sagte Lamik. »In der Wohnung brach ein Feuer aus, und Mutter hatte keine Chance.«

»Waren Sie auch in der Wohnung?« fragte die Widderin.

»Natürlich. Es war mitten in der Nacht. Mutter muß wohl im Bett geraucht haben.«

»Grauenhaft!« brach es aus der Widderin heraus. »Wie haben Sie sich retten können?«

Lamik hatte plötzlich wieder Brandgeruch in der Nase, aber auch die dubiose Erinnerung an schale Zärtlichkeiten, die er Nacht für Nacht über sich hatte ergehen lassen müssen. Und über allen Erniedrigungen hatte der Hauch von billigem Alkohol gehangen.

»Ich hatte Glück«, sagte Lamik. »Mein Zimmer hatte einen Balkon. Über den konnte ich auf die Straße springen.«

»Und wie ging es weiter mit Ihnen?«

»Ich wurde krank. Die Lehre habe ich nicht beendet.«

Lamik dachte an die Monate im Krankenhaus, in dieser Spezialklinik für Schwerbrandverletzte. Irgendwann hatte er aufgehört, die Operationen zu zählen. Doch die Sache hatte auch ihr Gutes. Er war endlich allein. Nur selten hörte er nachts noch die gellenden Schreie seiner Mutter, doch das war nichts im Vergleich zu ihrer fordernden Nähe.

»Ich habe dann über das Arbeitsamt das Angebot bekommen, als Maschinist im Krematorium zu arbeiten«, fuhr Lamik fort. »Und das ist schon fast zwanzig Jahre her. Sie sehen also, daß mein Leben völlig uninteressant ist.«

Die Widderin bestellte eine Grappa. Lamik sah, daß sein Bericht nicht spurlos an ihr vorübergegangen war.

»Und fühlen Sie sich da wohl ... im Krematorium?«

»Es ist ein schöner Arbeitsplatz«, behauptete Lamik. »Es gibt einen festen Tagesablauf, und ich kann pünktlich Feierabend machen. Außerdem sind meine Kunden ziemlich anspruchslos und einfach im Umgang.«

Die Widderin lachte. Sie hatte Sinn für morbiden Humor.

»Sind die Angehörigen Ihrer Kunden auch so anspruchslos?« Kea Winter hatte plötzlich einen sachlichen Ton angeschlagen.

»Wie meinen Sie das?«

»Ist jeder zufrieden mit den Dienstleistungen, die das Krematorium anbietet?« präzisierte sie die Frage.

»Ja, sicher«, sagte Lamik. »Ich verstehe nicht ganz, was Sie meinen.«

»Haben Sie jemals etwas von ... nun, ich will mal sagen ... Unregelmäßigkeiten gehört?«

»Sie haben in Ihrem Film so was angedeutet«, erinnerte sich Lamik, »aber ich habe keine Ahnung, was Sie damit wollen. Was meinen Sie?«

»Nicht so wichtig«, wiegelte Kea Winter ab. »Gerüchten sollte man immer mißtrauen. Besonders Journalisten sollten das tun. Sonst kommen sie in Teufels Küche.«

In den Tagen nach dem Treffen überlegte Lamik, wie er den Kontakt zu der Widderin wieder beleben konnte.

Er hatte die Telefonnummer der Widderin ermittelt, und er rief sie manchmal an, abends, wenn sie zu Hause war. Er hörte sie hallo sagen und dann ziemlich wütend schnauben, als sich am anderen Ende der Leitung niemand meldete.

Eines Morgens saß Lamik bei seiner Frühstückspause und trank den gewohnten morgendlichen Tee. Die Öfen waren voll belegt. Die abstrahlende Wärme hatte sich wie ein weicher Schleier um seinen Körper gelegt. Doch heute wollte er die Wärme auch innen spüren, ganz tief innen – in seiner Seele. Die Sehnsucht in ihm war erwacht und gierte nach Nahrung.

Er öffnete die Zeitung und las sein eigenes Tageshoroskop. Unter der Rubrik »Liebe« stand geschrieben: *Liebesplanet Venus verwirrt Ihr Herz, bekennen Sie sich zu Ihren Gefühlen.*

Lamik trank hastig seinen Tee aus, ging in Kants Büro und klopfte. Niemand antwortete. Er trat ein, das Telefon stand auf dem Schreibtisch, daneben irgendwelche Papiere. Kant war nicht im Raum. Lamik sah durchs Fenster.

Kant war draußen im Gelände und besprach mit der Gartenfirma die nächsten Aufträge.

Lamik setzte sich auf Kants Schreibtischstuhl. Ohne zu zögern, tippte er die Nummer der Widderin ein, zweimal klingelte es, dann meldete sich eine Frauenstimme. »Schröder, Fernsehredaktion. Was kann ich für Sie tun?«

Lamik nannte seinen Namen und verlangte Kea Winter zu sprechen. Frau Schröder fragte, um was es gehe. Lamik sagte, daß es privat sei. Er wurde nochmals nach seinem Namen gefragt.

Eine Weile geschah nichts, dann hörte Lamik Frau Schröder leise flüstern: »Hier, für dich. Der komische Typ aus dem Krematorium. Was du immer für bescheuerte Kerle anschleppst ...«

Keas Kichern war zu hören – dann sagte die Widderin: »Herr Lamik! Wie nett, daß Sie sich melden. Um was geht es?«

Lamik brachte kein Wort heraus.

»Herr Lamik? Sind Sie noch da?«

Lamik legte den Hörer auf.

Er schlief schlecht in dieser Nacht. Heftige Träume peinigten ihn, er sah Kea Winter, die höhnisch lächelnd auf seinen wunden Körper deutete. Er sah sich auf dem Laufband liegen, doch er befand sich nicht im Krematorium, sondern in der Wohnung seiner Mutter, und er spürte das Feuer jener Nacht, als er das Streichholz ansteckte. Er hörte die Mutter wieder schreien, und ihr Gesicht löste sich vor seinen Augen auf. Wie damals. Die Muskeln der Wangen verbrannten zuerst, dann flämmte die Hitze die Haare ab, die um Lockenwickler aus Plastik gerollt waren, Mutters Mund war eine enge, bodenlose Höhle, ein zunächst greller, dann gurgelnder Laut erstickte langsam in ihrer Tiefe.

Irgendwann im Morgengrauen wachte Lamik schweißnaß auf, dem Tod nahe, seine Seele war durch die Hitze und den Horror der letzten Stunden zusammengeschrumpft.

Mühsam stand er auf, ließ kaltes Wasser über seinen glühenden Körper laufen, rieb sich mit Öl ein und legte sich wieder hin. Er registrierte noch, daß es Samstag war und er nicht zur Arbeit mußte.

Gegen Mittag wurde er wach. Er fühlte sich erschöpft und ausgebrannt. »Kea«, krächzte Lamik. »Kea!« schrie er.

Lamik verbrachte den Rest des Wochenendes in seiner Wohnung. Er dachte nach und entwarf dann einen Plan.

Er wußte von der unbedingten Egozentrik der Widderfrau, von ihrer Eitelkeit und von ihrem Hang zur Dramatik und Theatralik.

Am Montag nach diesem Wochenende begann Lamik, die schönsten Blüten aus den Grabgestecken zu stehlen. Er sammelte sie, band sie zu neuen Bouquets und fuhr nach Feierabend mit der Straßenbahn zur Wohnung der Widderin, drückte auf irgendeine Klingel oder wartete, bis zufällig jemand aus dem Haus kam. Er legte die Blumensträuße direkt vor ihre Tür. Er achtete darauf, daß ihn niemand sah, sie würde schon ahnen, wer ihr diese außergewöhnlichen Geschenke machte. Und jeden Abend hoffte er auf ein telefonisches Dankeschön, doch nichts geschah. So ging das Woche um Woche.

An einem Freitag schließlich fand er einen gefalteten Zettel vor ihrer Wohnungstür. Erregt öffnete Lamik das Papier und las: *Verschonen Sie mich in Zukunft mit Ihren alten Blumen!*

Lamik erstarrte, dann packte ihn die Wut. Er zerfetzte die Blumen in tausend Stücke und warf sie in den Flur. Dann verließ er das Haus.

Ihm war nach Dolly. Lamik kannte den Weg zu ihrem Zimmer, er war ihn oft gegangen, in der letzten Zeit seltener, denn er hatte von der Widderin geträumt, auch von dem, wofür bisher Dolly zuständig war, und manchmal war sein Bettlaken morgens feucht gewesen von seinen unerfüllten Vorstellungen.

Sie einigten sich über den Preis der Dienstleistung, Dolly öffnete seine Hose, faßte ihn an. Lamik schloß die Augen, bemühte sich, an Kea zu denken, doch es waren eindeutig Dollys geübte Griffe, die ihre Wirkung nicht verfehlten.

Als sich Dolly hinlegte und die Beine öffnete, warf sich Lamik mit einem schmerzvollen Seufzer auf sie, drang schnell in sie ein, stieß ein paarmal zu und kam.

Als er sich neben sie wälzte, bemerkte er, daß sein Gesicht tränenfeucht war. Wortlos zog er die Hose hinauf, sah noch einmal zu Dolly hin und verließ das Zimmer.

Er begann durch die Stadt zu streifen. Von Dollys Wohnung am Bahnhof war es nicht weit zu einem Kneipenviertel der besseren Art. Jetzt – im Sommer – konnten die Gäste draußen sitzen.

Er traute sich nicht, sich an einen der Tische zu setzen. Langsam schlurfte er an den Biergärten vorbei, die die lange Straße zierten wie aufgereihte Perlen.

Da sah er plötzlich Kant. Er thronte im Inneren eines Restaurants auf einem Barhocker und unterhielt sich mit einer Frau, die mit dem Rücken zum Fenster saß.

Lamik trat zurück. Sein Herz schlug panisch. Es war die Widderin, die mit Kant an der Bar saß und sich angeregt mit ihm unterhielt.

Er sah, wie Kant lächelte, sich vorbeugte, in devoter Attitüde nickte, das Glas hob. Der Haß auf Kant, die dogmatische, pedantische und kalte Jungfrau, ballte sich wie eine Woge in ihm auf.

Lamik starrte mit brennenden Augen durch die Scheibe. Jetzt grapschte Kant nach der Hand der Widderin, hielt sie eine Weile, zog sie zu den Lippen und küßte sie. Ein trokkenes Würgen kletterte in Lamiks Kehle hoch.

Kant winkte den Kellner heran. Beide schienen aufbrechen zu wollen.

Lamik drehte ab, blieb mit einem Hosenbein an einem Hydranten hängen, er spürte einen hellen Schmerz, Stoff zerriß.

Der Weg zum Taxistand war nicht weit. Er wählte einen der Wagen aus und ließ sich zu Keas Wohnung fahren.

Er bezahlte, stieg aus und wartete – verborgen hinter einem Gartenzaun aus rohen Brettern.

Wenig später tauchte Kants Wagen auf. Er fuhr einen behäbigen Mittelklassewagen, der immer tipptopp gepflegt war. Die Beifahrertür öffnete sich, Kea ging mit energischen Schritten zum Haus, schloß die Tür auf und verschwand.

Jetzt findet sie die Fetzen der Blumen vor der Tür, dachte Lamik, und die Fetzen meiner Seele schmeiße ich gleich obenauf. Aber nicht mehr heute abend.

Am Montag meldete sich Lamik bei Kant. »Was liegt an, Lamik?« fragte der und lehnte sich in seinem Bürostuhl zurück.

»Ich habe Sie beide gesehen«, stammelte Lamik.

»Wen?« Kant verstand nicht.

»Sie und die Reporterin. Kea Winter.«

»Ja, ja«, gab Kant zu. »Am Freitagabend. Sie wollte mich sprechen.«

»Weshalb?« Lamiks Frage kam schärfer als geplant.

»Was geht Sie das an, Lamik?« Kant konnte manchmal schroff werden.

»Nur so.« Lamik versuchte, seiner Stimme einen freundlichen Ton zu geben. »Ich ging da eben vorbei und habe mich gefragt ...« Er stockte.

»Wir sind ins Gerede gekommen«, erklärte Kant. »Und ich habe versucht, den Schaden zu begrenzen. So war das.«

»Welches Gerede?«

»Ich kann nicht drüber sprechen«, behauptete Kant.

»Noch nicht. Die Frau wollte mich aushorchen. Recherche nennt man das. Aber da war sie schiefgewickelt. Nicht mit mir so was. Ich hab sie abblitzen lassen.«

Lamik dachte an den Handkuß und das hündische Lächeln, das er an jenem Abend gesehen hatte.

»Außerdem hat sie auch Fragen über Sie gestellt, Lamik«, behauptete Kant. »Merkwürdige Fragen.«

Lamik erschrak. »Welche Fragen?«

»Darüber darf ich nicht sprechen.«

»Ich will es aber wissen!« Er war aufs Schlimmste gefaßt. Es ist bestimmt um die gestohlenen Blumen gegangen, fiel ihm plötzlich ein, sie hat sich bei Kant über mich beschwert. Ausgerechnet bei Kant. Scham und Verzweiflung stiegen in ihm hoch.

»Sie sollten ein paar Tage Urlaub nehmen«, schlug Kant vor. »Sie sehen nicht besonders gut aus. Sie haben zuviel gearbeitet.«

Lamik sagte, daß er keinen Urlaub brauchen und sich jetzt an die Arbeit machen werde.

Er betrat das Kühlhaus. Durch ein hohes Fenster fiel Licht ein, es war die späte Mittagssonne mit ihren goldenen Strahlen. Die Bleiverglasung der Scheibe warf ein Muster auf den gefliesten Boden des Raumes.

Lamik sah sich um. Plötzlich beneidete er die da, sie hatten es hinter sich, hatten endlich ihren Frieden.

Er schritt die Regale ab. Dabei fiel ihm ein Sarg auf. Er war weiß wie ein Kindersarg, nur nicht so klein.

Lamik schaute auf den Zettel. Es war ein fünfzehnjähriges Mädchen, Sternzeichen Jungfrau. Sie hieß Tatjana Lenko. Irgendwo hatte er den Namen schon gelesen, von dem Fall gehört.

Er fand die Zeitung, in der über das Mädchen geschrieben wurde. Sie war einem Vergewaltiger zum Opfer gefallen und umgebracht worden. Früher hätte Lamik über den Fall nachgedacht, Mitgefühl empfunden und sich überlegt, wie er ihren letzten Weg besonders würdevoll hätte gestalten können. Doch zu groß war der Schmerz in seinem Inneren, als daß Platz für etwas anderes gewesen wäre.

Lamik verließ das Krematorium am späten Nachmittag. Zu Hause hätte er fast das Telefon überhört, denn er saß bewegungslos in einem Sessel, stierte vor sich hin, wand sich in Tagträumen.

»Hier Kea Winter«, sagte sie. »Guten Abend, Herr Lamik. Wie geht es Ihnen?«

Lamik brachte außer einem trockenen Krächzen nichts zustande.

»Ich muß Sie dringend sprechen, Herr Lamik«, fuhr die Widderin fort. »Geht es noch heute abend?«

Lamik gelang es, ein »Ja, gern« herauszubringen, und fragte, wo man sich denn treffen wolle.

»Im Krematorium«, sagte Kea Winter.

»Da ist heute niemand mehr«, entgegnete Lamik .

»Das macht nichts. Sie haben doch Schlüssel, oder?«

Lamik versicherte, daß er sehr wohl Schlüssel hatte, und beide verabredeten sich um 21 Uhr vor dem Haupteingang.

Die Widderin war pünktlich. Lamik schloß das Portal auf, sie folgte ihm schweigend.

»Ich möchte in den Kühlraum, in dem die Särge stehen«, sagte sie.

Lamik drehte sich um, sah ihr ins Gesicht. Es war erhitzt, Schweißperlen standen auf der breiten Stirn, in den tiefvioletten Augen hatte sie einen merkwürdigen Glanz, fast wie im Fieber.

Lamik spürte eine starke Spannung, die diesmal aber nicht von ihm, sondern von ihr ausging. Obwohl er glaubte, daß sie ihn auf die Blumendiebstähle ansprechen würde, war er kalt bis ans Herz. Sollte sie nur – er würde sich zu wehren wissen. Auch gegen sie. Schließlich war er auch ein Widder, und die schenken niemandem etwas, am wenigsten den anderen.

Die Tür zur Kühlhalle öffnete sich. Brav und unbeweglich standen die Behälter in den Regalen. Lamik registrierte den Hauch einer Sekunde lang, daß der weiße Sarg nicht mehr da war.

»Wie ist es eigentlich, den ganzen Tag mit Toten zu tun zu haben?« hörte er die Widderin fragen.

»Deshalb sind Sie hier? Um mich das zu fragen?«

»Nicht nur«, antwortete sie und trat dicht zu ihm hin. »Du warst das doch mit den Blumen, oder?«

Lamik spürte ihren Atem und wich ein wenig zurück.

»Welche Blumen?«

»Das alte Gemüse, das seit ein paar Wochen zentnerweise vor meine Tür gelegt wird. Friedhofsblumen. Chrysanthemen, Lilien, weiße Nelken und so ein Zeug. Das warst doch du, oder?«

Sie will dich in eine Falle locken, dachte er.

»Warum so schüchtern? Ich dachte, ich gefalle dir.« Sie kam näher, drängte sich an ihn, atmete heftig.

Lamiks Beherrschung wich Verblüffung, er hatte keine Idee, was da gerade geschah.

Ohne Ankündigung zog sie seinen Kopf zu sich herab, mit den Lippen versuchte sie, seine zu öffnen, er blieb stocksteif, dann spürte er ihre Zähne, wie sie entschieden zubissen, dann ihre Zunge, die sich in seinen Mund versenkte, um an seiner Zunge anzudocken.

»Küssen kannst du also auch nicht«, sagte sie heiser. »Was hast du denn statt dessen zu bieten?«

Sie drückte Lamik gegen ein Regal, in dem die Särge standen. Er roch frisches Holz, spürte ihren Atem, zuckte zusammen, als ihre Hände in seinen Schritt faßten.

»Nein!« stammelte er. »Ich will das nicht!«

Er wollte ihr seine Seele geben und nicht nur seinen Körper. Er wollte sie lieben und nicht nur von ihr gebraucht werden.

»Stell dich verdammt noch mal nicht so an!« blaffte Kea Winter.

Ihre Hände waren entschlossen, plötzliche Gier brach aus ihm heraus und machte seine Hose eng. Sie öffnete den Hosenbund, zog den Reißverschluß herunter, ihre Finger glitten zu ihm hinein. Dann nahm sie seine linke Hand, führte sie an ihre Brust. Er konnte nicht anders, als zuzugreifen.

Die Weichheit ihrer Haut, die Fülle ihrer Formen und der Honigduft, der aus ihren Poren strömte, raubten ihm fast die Besinnung.

Er vergrub seine Zunge in ihrem Mund, erkundete jeden Winkel ihres Gaumens, jeden Augenblick glaubte er, explodieren zu müssen.

»Warte noch!« Sie hatte in jeder Sekunde die Kontrolle über das Geschehen. Er sah ihren Slip auf dem Boden liegen.

Sie nahm seine Hand von ihrer Brust und führte sie zwischen ihre Schenkel. Seine Finger spürten heiße Feuchtigkeit, sie streckte sich ihm entgegen, wollte, daß er in sie eindrang.

»Komm!« Sie entzog sich ihm plötzlich, setzte sich rittlings auf einen Sarg, die Schenkel weit gespreizt. »Ich will, daß du mich hier fickst!«

Lamik streifte seine Hose ab, stürzte zu ihr hin, setzte sich ihr gegenüber, packte ihre Taille, hob sie ein wenig in die Höhe und spießte sie auf. Sie stieß einen Schrei aus, in dem er eine Mischung aus Lust und Schmerz erkannte. Dann bewegte sie sich in dem Rhythmus, den er ihr vorgab, stieß dabei kurze wilde Schreie aus.

»Machst du's so auch mit den Toten?« keuchte sie.

Lamik brauchte eine Weile, um zu verstehen, was sie meinte.

»Was sagst du da?« Er lag jetzt flach, das Kruzifix auf dem Sarg bereitete seinem Rücken Schmerzen. Doch sie war erbarmungslos, hatte sich auf ihn gesetzt und ritt auf ihm in aufrechter Haltung.

Dann beugte sie sich zu ihm hinunter, nahm seinen Kopf, schaute ihm in die Augen und wiederholte: »Ist es nicht schöner, warmes Fleisch zu ficken als kaltes?«

Entsetzt wollte Lamik sie von sich stoßen, doch es gelang ihm nicht. Sie war in Rage, und er nicht in der Lage, den sich ankündigenden Sturm einzudämmen. Er wollte sich in ihr verströmen – und wenn er danach stürbe.

Er bemerkte nicht, wie sie begann, sich an seinem Hemd zu schaffen zu machen, sie öffnete die Knöpfe, glitt mit den Händen unter den Stoff, dann zerriß sie ihn mit einem Ruck.

Er bemerkte nicht, daß sich ihr Ritt plötzlich verlangsamte, er öffnete die Augen, und er sah, wie Entsetzen über das, was sie erblickte, ihr Gesicht verzerrte.

In diesem Augenblick kam er, und es war kein Höhepunkt der Lust, sondern der Scham. Und auch sie kam, schrie auf, ob vor Lust oder Ekel, er wußte es nicht.

Er wußte nur, daß sein Oberkörper schutzlos vor ihr lag, und daß sie im Orgasmus seine Schande erblickt hatte.

Hastig zog er das Hemd über seiner Brust zusammen. »Es tut mir leid«, sagte er leise.

Sie blickte ihn an, hatte sich wieder unter Kontrolle. »Null Problemo. Ich war nur nicht drauf gefaßt.«

»Warum hast du das getan?« fragte er, noch immer atemlos.

»Was?« Sie bückte sich und griff nach ihrem Slip.

»Mit mir geschlafen.«

Mit einer schlangenähnlichen Bewegung zog sie sich ihre schwarze, enganliegende Hose an.

»Ich wollte mal sehen, wie jemand fickt, der sich sonst nur an Leichen vergreift. Das tust du doch seit Jahren.« Ihre Stimme war geschäftsmäßig.

»Ich?« Lamik schaute sie ungläubig an. »Wer sagt das?«

»Ich recherchiere dieses Thema seit ein paar Wochen. Nekrophile Übergriffe im Krematorium. Jemand, der sich an kleinen Mädchen zu schaffen macht, bevor er sie in den Ofen schiebt.«

Lamik starrte sie an.

»Warum sagst du nichts, Lamik?« fragte sie laut. »Du warst doch gar nicht schlecht eben, du solltest nur drauf achten, daß dein Hemd geschlossen bleibt. Nicht jede ist so hart im Nehmen wie ich.«

»Ich verstehe nicht«, sagte Lamik kläglich.

»Du kannst es ruhig zugeben. Jedes Gericht wird Verständnis dafür haben – so wie du aussiehst. Die toten Mädchen können ja nichts mehr sehen.«

Kea Winter hatte einen Handspiegel aus ihrer Tasche geholt und puderte sich die Nase.

»Wir machen einen Deal«, schlug sie vor. »Du erzählst mir deine Geschichte – so mit allem Drum und Dran. Schlimme Kindheit, wie du versucht hast, deine Mutter aus den Flammen zu retten, und dabei selbst angekokelt wurdest – und so weiter und so fort. Ich werde den Film so drehen, daß alle Rotz und Wasser heulen. Und dann erzählst du mir das mit den toten Mädchen – und was du ganz genau mit denen gemacht hast. Im Interview natürlich. Ich nehme dann noch einen Psychologen in den Film mit rein, der alles erklärt, denn ich kann die Zuschauer mit so einer Horrorgeschichte ja wohl kaum allein lassen. Nun, Lamik, was sagst du?« Kea Winter lachte zufrieden.

»Warum hast du mit mir geschlafen?«

»Ich hab's dir doch schon gesagt.«

»Dann liebst du mich nicht?«

»Lieben?« Die Widderin lachte laut auf. »Dich?«

Jetzt verstand er, daß er betrogen worden war. Seine Hand hob sich, und er schlug ihr ins Gesicht. Sie schrie, sprang auf und lief zur Tür. Lamik holte sie ein, warf sie auf den Boden, saß schwer auf ihr.

»Laß mich los, du Stück Dreck!« kreischte sie.

Lamik sah den furchterfüllten Blick und den vor Angst verzerrten Mund. Er schloß die Augen und hatte einen Hauch von Honig in der Nase, hing für einige Sekunden dem Traum der reinen Liebe nach. Dann legte er die Hände um ihren Hals und drückte so lange zu, bis sie sich nicht mehr rührte.

Der Körper der Widderin hinterließ keine Spur auf dem gefliesten Boden, als Lamik ihn an den Beinen zum Laufband zerrte. Er hob den Leib aufs Band, holte die Handtasche, legte sie unter Kea Winters Kopf. Ihre Arme waren seitlich herabgefallen, behutsam griff Lamik danach, winkelte sie an und kreuzte sie auf dem Brustbein. Es schien, als schliefe sie.

Lamik ging zur elektronischen Ofensteuerung und schaltete die Uhr auf 1300 Grad. Bei anderen reichten 1200 Grad, doch Widder brauchten immer etwas länger. Die Brenner sprangen an.

Er kontrollierte, ob das Laufband in ordnungsgemäßem Zustand war, ließ es einmal kurz anfahren. Der Ruck ließ Keas Hand auf den Rand des Laufbands fallen.

Lamik hatte plötzlich Bedenken, sich dem Körper zu nähern – als befürchte er, die Widderin hätte mehr Leben als nur eins und würde die Augen öffnen, ihn wieder auslachen oder unglaublicher Dinge beschuldigen.

Doch auch sie hatte Anspruch darauf, in korrekter Haltung verbrannt zu werden. Er legte den Arm wieder zurück, sah ihr ins Gesicht, da war die Zunge, die eben noch mit seiner lustvoll gespielt hatte, sie hing seitlich zwischen den Lippen heraus.

Ein weher Laut flüchtete aus Lamiks Kehle, doch es half alles nichts, er mußte es tun, weil es kein Zurück gab, und selbst wenn, es würde auch nichts ändern, denn er würde ja jetzt wissen, daß sie ihn nie gewollt hatte, zumindest nicht so, wie er es sich erhofft hatte.

Lamik setzte das Band in Bewegung, der Schieber vor dem Ofen öffnete sich, und die Tür schloß sich automatisch hinter ihr.

Lamik trat zur Ofenwand, dort befand sich eine Klappe. Durch ein feuerfestes Glas konnte man die Kremierung beobachten. Am Anfang seiner Tätigkeit hatte er dies öfter getan, aus reiner Neugierde, doch nach all den Jahren hatte er ein professionelles Gefühl dafür entwickelt, wer wie lange brauchte, und er hatte sich kaum einmal getäuscht.

Heute lag der Fall anders. Die da lag nicht in einem Sarg, es würde also schneller gehen und trotzdem länger dauern, weil sie eine Widderin war.

Lamik öffnete das kleine Fenster und schaute hindurch. Kea Winters Körper bäumte sich auf, weil das Fleisch noch frisch und sein Feuchtigkeitsgehalt hoch war.

Einige Minuten später hatten die Flammen dem Fleisch der Waden bereits kräftig zugesetzt, Lamik identifizierte das Schienbein. Die Handtasche unter dem Kopf der Widderin war fast völlig verschwunden, der Schädel hatte keine Stütze mehr und fiel mit einem kleinen Ruck nach hinten. Das Gesicht war noch fast unversehrt, während sich am Oberkörper schon die Rippenbögen zeigten.

Er schloß das Fenster. In zehn oder fünfzehn Minuten würde der Fall erledigt sein.

Lamik verließ den Raum. Er hatte Durst, überlegte, ob er noch Bier zu Hause hätte, kam zu dem Ergebnis, daß dort nichts mehr war.

Er steuerte Kants Büro an, dort stand ein Kühlschrank, in dem Kant die kleinen Aufmerksamkeiten der Firmen deponiert hatte, die ab und zu im Krematorium Aufträge ausführen durften – von der Gartenarbeit bis zur Wartung der Steuerungsanlage.

Lamik schloß Kants Büro auf. Die Schreibtischlampe brannte. Kant stand im hinteren Teil des Zimmers, vor sich einen weißen Sarg.

»Mein Gott, Lamik!« stammelte Kant.

Lamik sah, daß Kant eine Hand im Inneren des Sarges hatte.

»Ich wollte nur sagen, daß ich morgen später komme«, hörte sich Lamik sagen. »Überstunden. Sie wissen ja – Widder brennen länger.«

Die Autorinnen und Autoren

Tony Fennelly (*»Wie man einen Widder tötet«*) wird am 25. November 1945 in Orange, New Jersey als Schütze, Aszendent Skorpion geboren. Später arbeitet sie in New Orleans lange Jahre als Barfrau und Tänzerin. Während dieser Zeit findet sie sich immer wieder in den Armen von Widdermännern – was sie dazu veranlaßt, sicherheitshalber einen Steinbock zu heiraten, ihren Beitrag zu den *Astrokrimis* aber über das Zeichen ihrer Verflossenen zu schreiben. Fennellys literarische Erfolge: Die ›Matty Sinclair‹-Trilogie, ›Hurenglanz‹, ›Blutige Seance‹, Kreuzfahrt mit Biß‹. Die Krimiautorin erstellt selbst Horoskope, was ihr Leben weniger anfällig für Katastrophen macht. Außerdem verdient sie, nach eigenen Angaben, als Hobby-Astrologin besser als beim Schreiben.

»Nur Widder können perfekte Serienmörder sein«, beweist die am 23. März 1955 in Berlin geborene **Heidi Brang** mit ihrem *Astrokrimi »Schmerztherapie«*. Sie rät daher allen Nicht-Widdern von der Nachahmung ab – auch wenn sie sich noch so sehr in der Geschichte wiederfinden. Brangs Hang zur Literatur zeigt sich bereits früh: Nach Romanistikstudium und Promotion arbeitet sie als Lektorin und Übersetzerin von literarischen Werken aus dem Französischen, Spanischen und Italienischen. Sie schreibt Kurzgeschichten wie ›Spätfolgen‹, ›Andie‹ und

›Nicht ohne mein Feuerzeug‹. Die Astrologie ist für die Widderfrau der letzte Beweis dafür, daß es nur darauf ankommt, die Welt verschieden zu interpretieren – wenn sie schon nicht mehr zu verändern ist.

Als **Ralph Gerstenberg** am 11. Dezember 1964 in Berlin zur Welt kommt, steht die Sonne ganz im Zeichen des Schützen. Das allein ist dem Autor Grund genug, Krimis wie ›Grimm und Lachmund‹ und ›Ganzheitlich sterben‹ zu schreiben. Gerstenbergs sonstige Berufe: Buchhändler, Kleindarsteller und Journalist, unter anderem für DeutschlandRadio, SFB, NDR, WDR und ORB. Tiefe Einsichten in das Wesen des Widders, über das er seinen *Astrokrimi »Nie wieder Widder«* schreibt, verdankt er seinem Freund Peer sowie Dörte, »die täglich beweist, wie klug, charmant und sensibel Widdermenschen sein können«. Für Gerstenberg ist Astrologie die Fortsetzung von Psychologie mit anderen Mitteln.

Skye Alexander ist selbst Astrologin und verrät Nichteingeweihten lediglich ihre Eckdaten: Wassermann, Aszendent Zwillinge. Die Autorin des Krimis ›Hidden Agenda‹ fühlt sich bei den *Astrokrimis* zu den Widdern hingezogen, deren dynamische, ungehemmte Energie sie am meisten fasziniert. Ihr Beitrag *»Liebe, Leben, Tod und Baseball«* gibt ihr die Möglichkeit, einmal in die Rolle einer energischen, risikofreudigen Widderfrau zu schlüpfen. Alexander, die auch astrologische Sachbücher veröffentlicht, lebt auf einer Insel nördlich von Boston. Ab und zu hilft sie der örtlichen Polizei als astrologische Beraterin bei der Verbrechensaufklärung. Die Lehre der Sterne ist für die Preisträgerin des ›Kiss of Death Award‹ ein unersetzliches Navigationsinstrument für die Mysterien des Lebens und die Komplexität des menschlichen Geistes.

Am 10. April 1952 wird der Autor **Richard Wagner** *(»Der letzte Kommentar«)* in Lowrin/Banat geboren. Später studiert er Germanistik und Rumänistik und arbeitet als Lehrer und Journalist. Seit 1987 lebt der Widder in Berlin und schreibt Erzählungen wie ›Ausreiseantrag‹ und die Romane ›Die Muren von Wien‹, ›In der Hand der Frauen‹ und ›Im Grunde sind wir alle Sieger‹. Er erhält den Förderpreis des Andreas-Gryphius-Preises sowie den Sonderpreis für das politische Gedicht beim Leonce-und-Lena-Wettbewerb. Als besonders verstockter Widder zieht Wagner bei den *Astrokrimis* das Schreiben über ein anderes Sternzeichen gar nicht erst in Erwägung.

Gabriella Wollenhaupt *(»Widder brennen länger«)* erblickt am 21. März 1952 als Widder mit Aszendent Löwe in Neuwied das Licht der Welt. Seitdem zählt sie zu den typischen Widderfrauen: aufbrausend, wild, chaotisch und rücksichtslos, mit einem Hang zum Makabren und zur ausgelebten Theatralik. Letztere liefert ihr ausreichend Stoff für ihre Tätigkeit als Fernsehjournalistin, Autorin der zehnbändigen Krimireihe um die Romanheldin Maria Grappa und als Drehbuchautorin für den ›Tatort‹. Astrologie hält Wollenhaupt für eine nette Freizeitbeschäftigung: »Immer noch besser, als alten Frauen die Handtasche zu entreißen oder Zigaretten zu rauchen«.

Die Herausgeberinnen

Ursprünglich als Jungfrau geplant, zieht **Thea Dorn** intuitiv ein doppeltes Feuerzeichen vor und kommt – vier Wochen zu früh – am 23. Juli 1970 in Offenbach zur Welt. Die Löwefrau mit Aszendent Schütze geht nach dem Abitur ins antarktische Südgeorgien, um dort das Verhalten der Kaiserpinguine zu erforschen. Später arbeitet sie als Dozentin für Philosophie an der Freien Universität Berlin und hält Seminare zu Fragen der modernen Ethik und Ästhetik. Sie veröffentlicht die Kriminalromane ›Berliner Aufklärung‹, ›Ringkampf‹ und ›Die Hirnkönigin‹, wofür sie 1995 den *Marlowe* und 2000 den Deutschen Krimipreis erhält. Ihr Theaterstück ›Marleni‹ wird im Januar 2000 in Hamburg uraufgeführt. Nach einem für Feuerzeichen typischen anfänglichen Skeptizismus nähert sich Dorn durch die intensive Arbeit an den *Astrokrimis* der Weisheit der Sterne. »Seit ich weiß, daß fast kein Krimiautor Fische ist, schaue ich bei manchen Menschen genauer hin.«

Als die Sonne am 13. August 1966 über dem Rhein am höchsten steht, erblickt **Uta Glaubitz** in Bad Godesberg das Licht der Welt. Als nicht ganz umgängliche Mischung aus Löwe mit Aszendent Skorpion wächst sie in Köln auf und beginnt, sich für den FC, Kölsch und Karneval zu interessieren. Glaubitz studiert Philosophie, Anglistik und